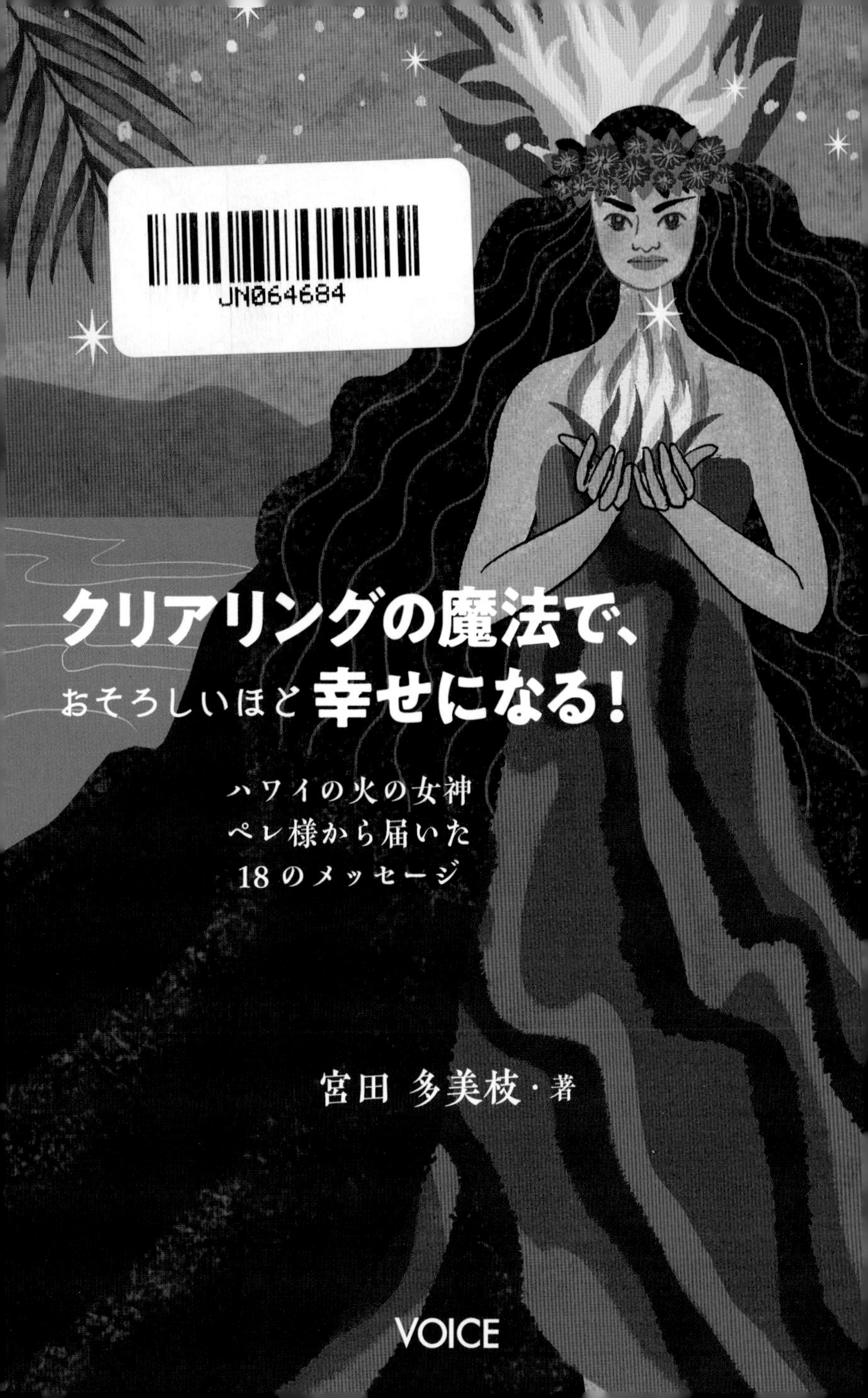

クリアリングの魔法で、おそろしいほど幸せになる！

ハワイの火の女神
ペレ様から届いた
18のメッセージ

宮田 多美枝・著

VOICE

心を決めることで、あなたの心に火が灯るの。
火のエネルギーは、あなたの中の炎と共鳴したとき、
パワーを発揮するのよ。
心を決める強さを自分自身で見つけたとき、
初めて火のエネルギーとつながるのです。

私の所に来るときは、あなたの〝決心〟を持ってきてちょうだいね。

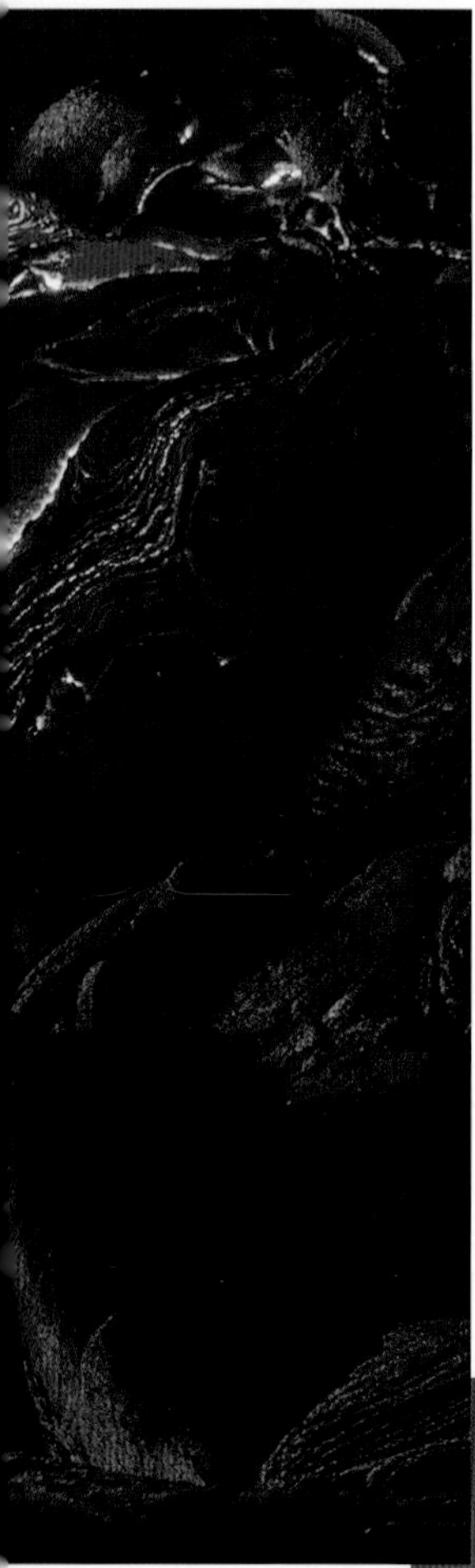

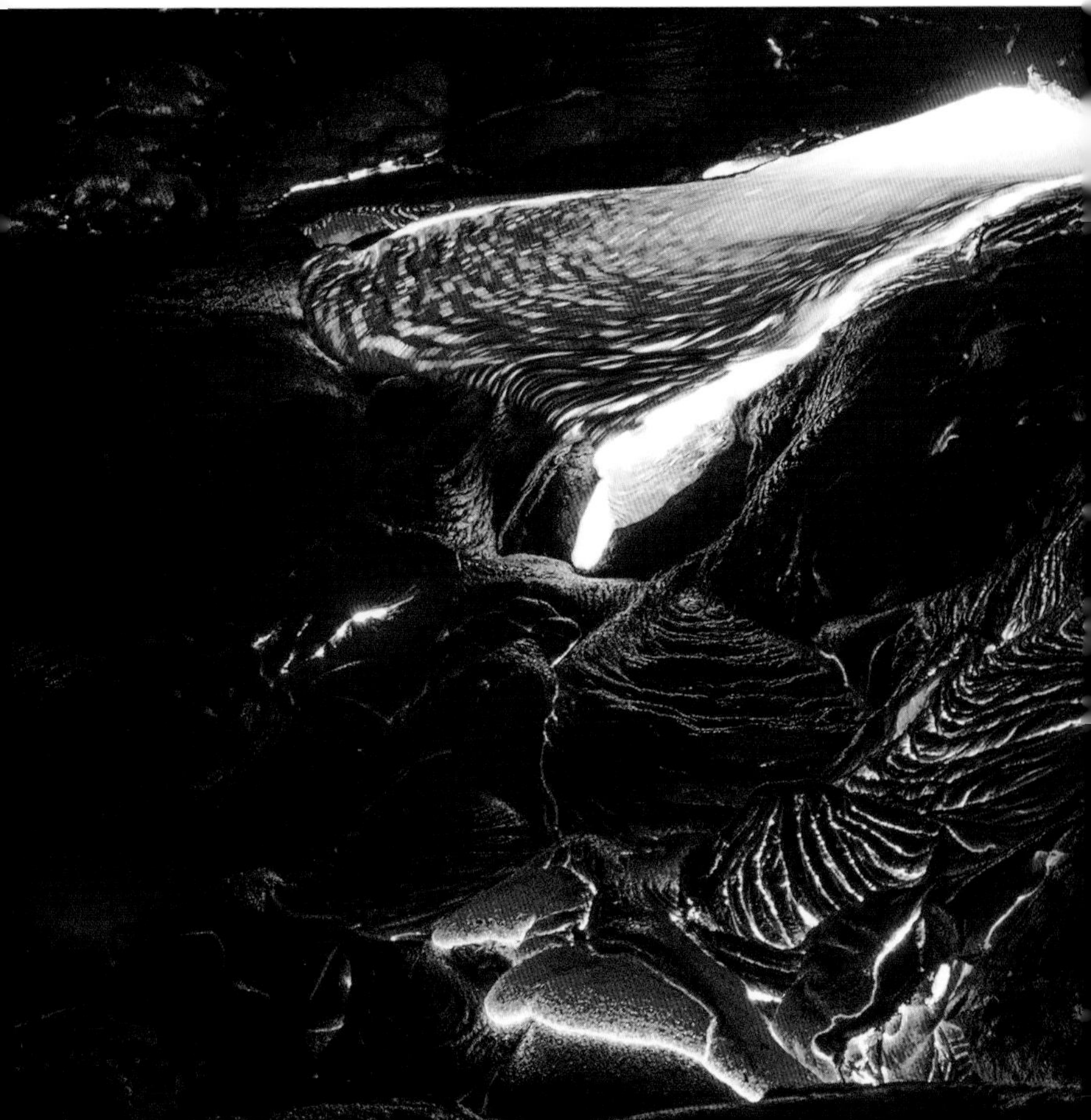

Fire

Water

水のエネルギーは、心と身体に共鳴するの。
水のエネルギーを感じることで
心が浄化され、身体がうるおいを求める。
クリアな心がなければ、クリアな身体もない。
そして、クリアな身体がなければ、
人生をクリエイトできないのです。

Messages
from
Goddess Pele

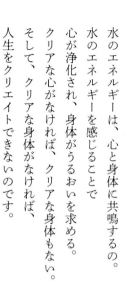

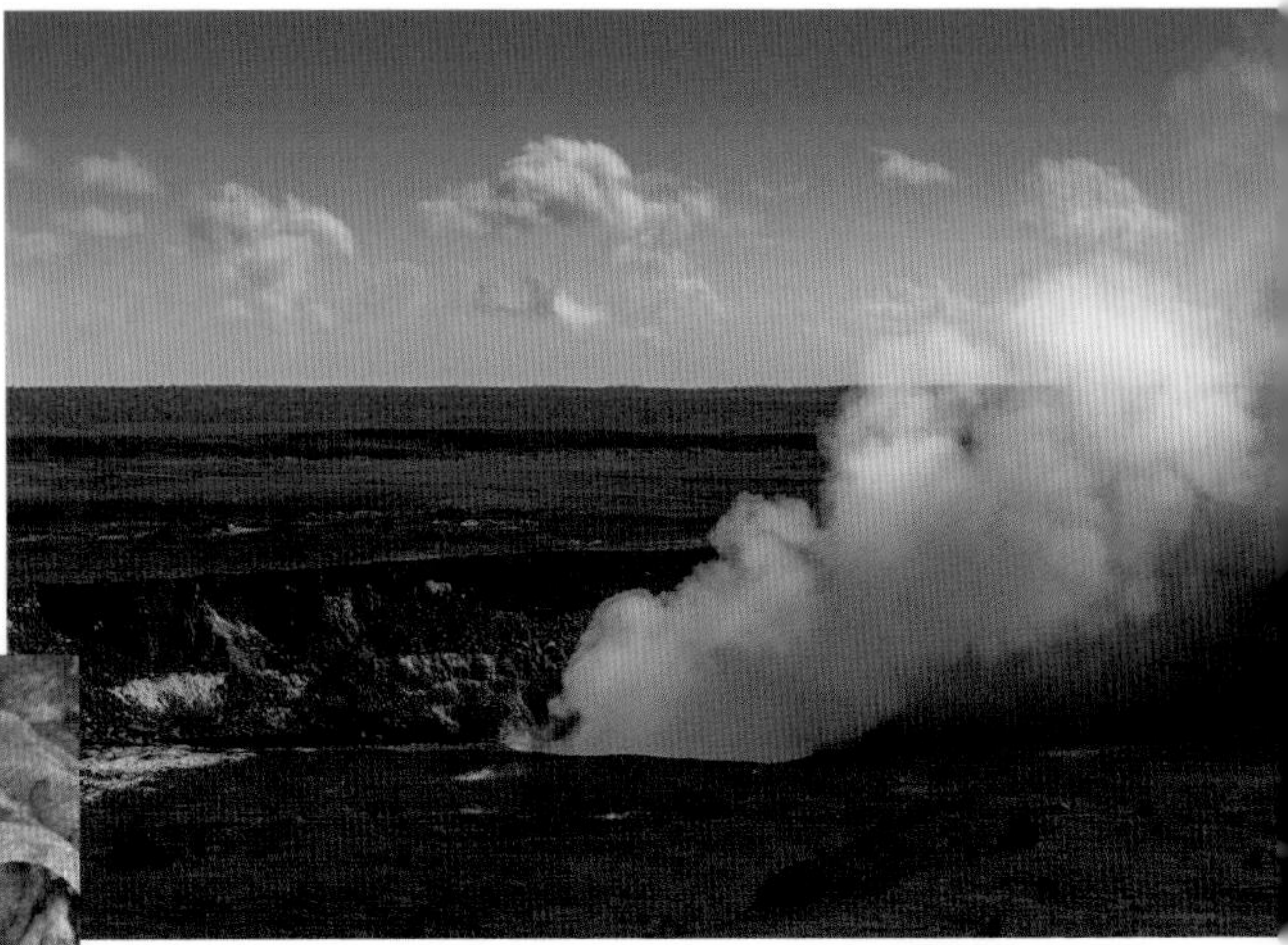

あなたも自然の一部。
大地の鼓動を感じなさい。
あなたの中にも、大地と同じ鼓動があるの。
大地とあなたの鼓動がひとつになったとき、
そこから湧き出るエネルギーは、
何だって生み出せるのよ。

Earth

Air

流れに身を任せてみなさい。
風に逆らっていると、何も見えないわ。
風に吹かれて心地よさを感じられたとき、
新しいステージの扉が開くの。
自分の世界を広げたいなら、
巡り動く風のエネルギーを見習って、
フレキシブルに生きなさい。

Messages from Goddess Pele

クリアリングの魔法で、おそろしいほど幸せになる！

ハワイの火の女神
ペレ様から届いた
18のメッセージ

宮田 多美枝・著

VOICE

はじめに

「あなたの後ろで火が燃えているのが見えますよ。喉が渇きませんか?」

ある日、私のサロンへやって来られた新規のクライアントさんがそうつぶやかれた時から、すべてがはじまりました。

「え? どういうこと……?」

直感の鋭いその方の不思議な一言の意味も自分の中で消化できないまま、そこから私の運命は一気に急展開しはじめたのです。

その半年後には、私は生まれて初めてハワイの大地の上に降り立っていました。

当時の私は、30歳の誕生日を機に再発した霊的現象に悩まされており、そ

れまでの人生の中でも、最ももがき苦しんでいた頃。

そんな私が、なぜだかそれまで海外に行くなら、あえてわざわざ避けていたハワイに辿《たど》り着いていたのです（両親から、ハネムーンでハワイに行った時に私を授かったという話を聞かされてきたので、なんとなく避けていたのです）。


私が導かれたのは、ハワイのパワースポットとしても有名なオアフ島のマカプウ岬の「ペレの椅子」と呼ばれる断崖絶壁の場所。

海からの風が吹きすさぶ中、絶景を目の前にして、私のビジョンには、宙に浮く2メートルくらいのサイズの1人の女性の姿が見えていました。

その姿こそ、ハワイの神話でおなじみのキラウエア火山に住む火の女神、泣く子も黙る「ペレ様」だったのです。火の女神、と呼ばれるだけあって、海風が来る涼しい断崖絶壁の近くにいるのに、私の周囲の空気は熱を帯びて熱くなっているのが肌で感じられます。

ハワイの神話の中でも描かれているように、ペレ様は美しい女神でありながらも、情熱的で嫉妬深い気性でも有名です。

伝説では、ペレ様は好きな男性に振り向いてもらえないと、その男性を木に変えてみたり、怒ると人々を炎で焼き尽くしたりなど、その激しい気性の一面でも知られています。けれども、その怖ろしいパワーもまた、ハワイの人々から畏怖の念を抱かれている理由の1つだったりするのです。

私としては、そんなペレ様には、きちんとご挨拶はしておきたい気持ちはあったものの、ハワイの文化や伝統をまったく知らない私が何か失礼なことをしてもいけないと思い、できれば距離を取っておきたかったのです。

でも、そんな私の心を見透かしたのか、ペレ様は私を凝視したままで、お構いなしに勢いよく語りかけてきました。

「あら、遅かったわね！　これまであんなにお膳立てをしてあげていたのに！」

開口一番にそう言われてしまい、「お膳立て」の意味をあわてて頭の中で思い巡らせている私に向かって、ペレ様は一方的に続けます。

「あなたに、スピリチュアルガイドを付けてあげたでしょう？」

スピリチュアルガイド？　……。もしかして、時々私の耳に聞こえてくる、あの口うるさいおじさんのことかな？　彼が私のスピリチュアルガイドなの？

当時の私のまだ足りない理解力でおろおろしながら考えていると、さらに追い立てるようにペレ様が語りはじめました。

「あなたの使命を思い出しなさい！」

「え？　私の使命って何なのですか？」

「天と地をつなぐことよ！」

「えっと、その……。天と地はつながっているように思えるのですが……」

「あのね、天と地を〝エネルギーでつなぐ〟っていう意味よ！」

「はい……。でも、そんな大それたこと、この私ができるわけないじゃないですか！　無理です！」

「やる？　それとも、やらないの？　どっち？」

「いやその……、やれと言われればやりますが、でもなんで私が⁉　それに、それはどうやればいいんですか？」


そんな微妙に噛み合わない対話からはじまったのが、私とペレ様との最初の出会いでした。

ちなみに、もともと信心深い家庭環境で育った私にとって、神様とは「人間を超越した尊い存在であり、無用に近づいてはいけない」という考え方が根本にありました。

ましてや、神様に自分のエゴにもとづいたお願い事をするなんてもってのほか、だと思っていました。

そんな私だったので、神様と直接こんなふうに会話をすることだけでも、恐れ多いの一言です。

でも、ペレ様との出会いは、そんな私のこれまでの神様に対する概念を見事に打ち砕いたのです。

以降、私とペレ様の交流が対話を通してはじまることとなりました。それはすなわち、私のスピリチュアルジャーニーのはじまりでもあったのです。

ペレ様は他の神様・女神様がそうであるように、ただそこに〝在るだけ〟で、何事にもジャッジをすることはありません。

それでも、時には厳しく、時には女神でありつつも人間臭く、時にはご近所のちょっとお節介でやさしいおばちゃんのような叱《しっ》咤《た》激励の言葉を私に投げかけてきます。

基本的に、ペレ様の教えの中で一貫しているのは、「自分を肯定して受け入れる」ということであり、かつ、「ありのままの自分を生きる」ということです。

そして、もう1つ、これがとてもペレ様らしいのですが、ペレ様は私たち

に何よりも、「真剣になって、本気でアツく生きること」を望んでいます。

今、私のもとには、全国からたくさんのクライアントさんがそれぞれ人生の悩みを抱えて来られますが、そのほとんどのケースが、「自分の事なのに、自分自身がよくわからない」ということから生じた問題ばかりです。

その結果、自分軸で生きることができず、他人軸で生きてしまっているのです。

つまり、自分のものではない価値観で生きたり、世間の常識や他人の評価に振り回されて人生の迷い子となり、どんどん負のループにハマっていくのです。

でも、スピリチュアルの多くの教えが説いているように、「すべての答えは、すでに自分の中にある」のです。

その答えを知るためにも、本当の自分自身に出会うことが必要になってきます。そして、それができれば、あなたも神とつながれるのです。いえ、神

とつながれていたことを思い出すのです。

これからの時代は、幸せだと自分で感じられる人はどんどん幸せになり、自分が不幸だと感じている人は、どんどん不幸になってしまうという二極化の時代になってきます。

このことを皆さんにお伝えすると、将来に不安を感じる方も多いのですが、心配はご無用です。

あなたは、ただ自分らしく、ありのままの自分を生きるだけでいいのです。それさえできれば、あなたはこれ以上ないほどの幸せを手に入れることができるのです。

でも、そのためには、ペレ様が教えてくれる幾つかの「自分らしさを生きるコツ」を実践する必要があります。

そのためのヒントを、これから本書を通してお伝えしていきますが、ペレ様の言葉は、シュガーコートされた甘い言葉や、癒されるゆるふわ系のやさ

しい言葉ばかりではありません。

時に、その辛口な言葉はショック療法のように、あなたの胸にズシンと響いてくるかもしれません。

でも、そんなダイレクトな言葉こそが、ペレ様流の大きな愛の表現なのです。

ペレ様との衝撃的な出会い以降、私にはペレ様の導きによりたくさんの出会いがあり、また、たくさんの聖地を訪れる機会にも恵まれ、その過程において自身にも多くの学びがありました。

あんなにハワイを避けていたのに、現在までにハワイで行ったワークは、40回をゆうに超えるほどにもなりました。

また、ペレ様とのご縁によって、日本人としては特例の扱いで、ハワイ島での古代ハワイアンの暮らしを数週間体験する機会なども頂戴しました。

こうして今、私は、いつどこにいてもハワイの大自然を感じられるようになり、そして、ハワイの文化と伝統が私の中にも息づくようになりました。

そして、２０２０年の今、ペレ様からの導きによって、本書を出版するタイミングが訪れました。

出版に関しては、私もまだ旅の途中であることから、長い間、躊躇《ちゅうちょ》してはいたのですが、このたび、ペレ様のドラマティックな後押しによって、一気にお話が進み、出版の運びとなりました。

現在の私は、自らも約30年のキャリアを持つエステティシャンとして自らが経営するサロンで働く傍ら、さまざまな悩みを抱えて訪れるクライアントさんへヒーリングやクリアリングを行うという、美容とスピリチュアルの世界の２足のわらじを履いて活動しています。

特に、ヒーリングのプロセスでは、ペレ様の言葉をクライアントさんにお伝えして、各々の人生を好転させていくことが私のミッションでもあるのですが、同時に、ペレ様の言葉は、読者の皆さんにもより良い人生の選択に役

立てていただけるものだと信じています。

まだまだ私も、ペレ様からの叱咤激励を浴びながら歩みを進めている途中ですが、今ここから、あなたも本当のあなたに戻る旅をスタートしていただけたら幸いです。

さあ、あなたは、ペレ様からのアツい言葉を浴びる準備はできていますか？

どうか本気で、でも、どうぞ楽しみながら、ペレ様の言葉を受け取ってください。

それこそが、パッションにあふれたペレ様が最も望んでいることだからです。

——再びハワイ島でペレ様と会える日を待ち望みながら、長野にて

宮田　多美枝

CONTENTS

第3章 自然とつながり、神々とつながる

第4章 ペレ様流の美しい人とは？

第5章

これからの時代を生きるために大切なこと
——ペレ様からのメッセージ

第１章

ペレ様と出会うまでの私

物心つく前からはじまっていた見えない世界とのつながり

そもそも、なぜ私はペレ様とのご縁を結ぶことになったのでしょうか。

「使命を思い出しなさい！」

ペレ様のこの言葉を思い浮かべる時、もし、私に「使命」というものがあるのなら、それは私が幼い頃から見えない世界とつながっていた、ということが理由の1つとして挙げられるかもしれません。

実際には、誰もが見えない世界とつながっているのですが、私の場合はそれを決して自分で望んでいたわけではないものの、幼い頃から霊的現象を含む神秘体験が常に日常生活の中にあったのです。

そして、そんな普通ではない体験にかなり苦しみ、葛藤する日々を送ってきたのも事実です。

そこでまずは、私がこれまで辿ってきた道のりから簡単にお話ししてみたいと思います。

新潟の自然が多い田舎で育った私は、海や山などで遊ぶのが大好きなお転婆な女の子でした。

実家は祖父が織物会社を経営しており、祖父母と両親、双子の弟という大家族の中で経済的にも何不自由なく育ってきたように思います。

また、親戚にはお寺さんの家もあったり、一家の中では祖父が信心深い人であったりしたことから神仏に触れる機会も多く、神仏を敬い尊ぶ、という精神も幼い頃から自然に身についていたと思います。

ちなみに、私の名前、「多美枝」は真言沙門の修験僧がつけてくれたそうです。

一家の中では祖父は霊感の強い人でもあったのですが、どうやら私だけがその血を受け継いでいたようです。

というのも、物心つくかつかないかの頃から、先述の通り、私は常に霊的現象に遭うようになったのです。

たとえば、寝ている時に枕元に、お侍さんのような人がやってきたり、白い着物を着て髪を振り乱したような老婆がやってきたりなどの現象に遭うことがありました。

その瞬間、金縛りにかかっている私は、ただ彼らの様子をじっと見ていたり、彼らから何か語りかけられたりするのを、布団の中でじっと聞くだけで何もできませんでした。

実際には、このようなことが日常茶飯事で起きていたり、また、「この人たちは幽霊である」ということを知る前からはじまっていた現象だったので、私は特に恐怖を覚えることはなかったのです。

ただし、こちらはぐっすりと眠りたいのに、「帰りたい」「水が飲みたい」「助けて！」と寄ってくる霊たちのことはわずらわしく、邪魔な存在であったことは確かです。

そこで、子ども心にどうやったら金縛り現象に遭わないですむか、ということばかりを当時は考えていたように思います。

このことを祖父に相談すると、「金縛りにあったら、〝南無阿弥陀仏〟と唱えなさい」と教えてもらい、霊がやってくると、まさに念仏のように南無阿弥陀仏を唱えるしかありませんでした。

けれども、そんな見えない世界とつながる能力は、日常生活では時に役に立つこともありました。

たとえば、近所に言葉が話せない小児麻痺の男の子がいたのですが、彼が何をしたいか、何を考えているのか、などを私は自然に理解することができたのです。

そこで、その子の母親に少年が望んでいることを教えてあげると感謝されたりして、そんな時だけは自分の能力も役に立つんだな、とちょっとはうれしい気持ちもあったのです。

霊的現象に悩まされた中高時代〜平穏だった20代の日々

そんな私も中学生になり思春期を迎え、感受性が豊かになる世代になると、さらに霊感は鋭くなり、起きる現象もよりエスカレートしていきました。

たとえばある日、保健室で寝ていると突然、金縛りに遭い、天井から見知らぬ女の子が私の方に向かって降りてきて、しばらくの間、その女の子が私の側から離れなかったことがありました。

その子は、「苦しい」「会いたい」と訴えてきましたが、なぜ苦しいのか、誰に会いたいのか、などは質問しても答えてくれませんでした。

また、夏休みの林間学校で夜に行った「肝試し大会」では、暗闇で同級生たちがどこに隠れているのかがわかるだけでなく、実際の霊がどこにいるのか、などもわかってしまい、皆には気味悪がられて引かれてしまう、ということもありました。

さらには、近所の神社にお参りに行きお願いをすると、拝殿の奥から「わかった。願いを叶えよう。その代わりに、○○○しなさい」などと逆にお願いをされたこともあり、「神様の方から、こちらに要求をすることもあるんだ」と驚いたこともありました（それが本物の神様からの声であったかどうかは定かではありませんが）。

他にも、この頃から予知夢を見たり、試験の内容が事前にわかったりなど、ここには書ききれないほどの普通ではない不思議な体験がオンパレードで続きました。

幼い頃は、「夜になるとちょっと面倒なことが起きるからいやだな」くらいの感覚でしたが、この頃になってくると、このような現象がエンドレスで続くことで、「なぜ、私だけがこんな目に遭うんだろう」と苦しむようになりました。

また、こんな日々がずっと続いていたせいか、今でも中高生時代の記憶はおぼろげで、当時の記憶がなかったりします。

たとえば、同窓会などで当時の友人たちが、「あの時はああだったよね！」「あなたは、あんなことをしていたね」などと語る思い出話をほとんど憶えていないのです。

中高生時代はあまりにも霊的現象に翻弄されていたせいで、当時の記憶を自分で封印してしまったのかもしれません。

その後、高校を卒業すると、全国展開するエステティックチェーン店へ就職することになり、エステの世界へと入ることになりました。

そして、20歳を過ぎると環境の変化もあったのか、不思議なことに、それまで霊的現象に悩まされていた日々がウソのようにピタリと収まったのです。

この頃は、それまで自分に霊的現象が起きていたことなどはすっかり忘れて、エステティシャンとして技術を磨く日々を送っていました。

でも、そんな日々の中で、一度だけ不思議な体験に遭遇したことがありました。

ある日、勤務していた銀座のサロンのフロアに、雪ん子のような恰好をした5、6歳くらいの小さな男の子の座敷童《ざしきわらし》が現れたのです。

「座敷童を見ると幸運が舞い込む」という言い伝えがありますが、まさに座敷童効果なのか、数ある店舗の中でも売上げ目標を達成できていなかった私の勤める本店が、なんとその月だけ営業成績を大幅にクリアしたのです。

その後、「売上げアップのためにも、あの座敷童にもう一度会えないかな……」と思ったこともありましたが、二度と座敷童を見ることはありませんでした。

後で聞いたところによると、銀座ではクラブのママさんなどの間でも、この「商売繁盛」の座敷童のお話は有名なのだそうです。

やはり、エゴの願望からは、座敷童は出てこないものなのですね。

20代の頃は、この出来事以外は霊的現象とも完全に無縁だったので、私の人生の中でも最も平穏で、青春を謳歌していた時代だったのではないかと思います。

当時は、30歳を機に、再び霊的現象に悩まされるとは夢にも思っていませんでした。

再び霊的現象に苦しみ、薬づけの日々から立ち上がるまで

その後、26歳になると結婚することになり、夫の故郷である長野に移り住むと、現地でエステティックサロンを経営することになりました。

そこから数年間は順調な日々を送っていたのですが、しばらくすると再び霊的現象がはじまったのです。

そのきっかけになったと思われるのが、２００４年の10月に起きた「新潟県中越地震」です。

なんと、新潟の私の実家の一帯がまさに震源地だったことから、実家周辺も大きなダ

メージを受けたことで、嫁ぎ先から実家に何度か手伝いのために通うことになりました。

そして、やっと長野に戻って落ち着いた日々がはじまったと思った途端、それは、再びはじまったのです。

今思えば、地震による〝破壊〟、その後の〝再生〟という流れの中で、私自身の人生も一旦ここでリセットされて原点に戻ったような感覚を覚えていました。その時、私の本質が再び目を醒ましたのです。


その引き金になったのは、車で近所のアウトレットのショッピングモールに買い物に行く予定の日、いつも通い慣れた道のはずなのに、なぜだかその日に限って「軽井沢大橋」に辿り着いてしまったのです。

その時、その場所が「軽井沢大橋」であることもよくわからなかったのですが、実は、その場所は自殺の名所であり、全国的にも心霊スポットとして知られている場所だったのです。


とにかく、その瞬間は、まだそのことにも気づいていなかったので、私はアウトレットに続く正しい道へ戻ろうとしました。

するとふと何気なく目に入ってきたのが、橋からほど近い場所にある施設のような建物でした。

建物の外では、洗濯物を干している人がいたり、何か作業をしている人がいたりしたので、「真冬なのに外に人がいるんだな、皆、寒くないのかな」などと思ったものです。

また、帰り道に車内のミラーになんだか人影が横切ったのを感じて、「気のせい！ 気のせい！」と自分に言い聞かせたものです。

実は後で聞いたところによると、その建物は、もう長年廃墟になっていて、人なんて住んでいない、ということでした。

一体私は、何を見たのでしょうか？ 何のきっかけでそこへ辿り着き、その挙句、まったく違う時空間に入り込んだのでしょうか？

「見えない世界なんて、本当はあるわけがないのに……」

「他の人が見えないものを見たり、感じてしまったりする私が悪い……」

すっかり大人になってからの約10年間、何も起きないことがもはや当たり前になっていたのに再び霊的現象に遭遇したことで、私は自分自身を受け入れられずに、この頃から自己否定をするようになりました。

精神が不安定になったことで、体調も崩すと視覚と聴覚に異常が出てしまい、病院にかかると自律神経失調症と診断されました。

そして処方されたのが精神安定剤や睡眠導入剤です。エステティシャンとして、人間の身体や健康のことも学んでいた私は、薬を飲むことに抵抗はありましたが、ひどくなる症状には勝てず、ついに薬に頼るようになりました。

すると、副作用で不眠症になり、さらに薬の量が増えるので、精神状態は悪くなるばかりです。

とうとう私は、うつ状態に陥ってしまいました。

気づけば、寝たり起きたりすることがやっとで、仕事もできないことが多々あり、スタッフと家族に支えてもらいながらなんとか生き延びる日々が続きました。当時はもう、何のために自分が生まれてきたかさえ、わからなくなってしまっていました。

それでもそんな日々が1年半近く続いた頃、どこかからある声が聞こえてきました。

「このままで終わっていいのかい？」

それは、どこか馴染みのある男性の声でした。

その声こそ、小さい頃から時々耳元で聞こえていた、なつかしい声であり、学生時代に試験の内容を教えてくれていた〝おじさんの声〟でもあったのです。

ただし、まだその時は、その声の主が誰かわかりませんでした。

私はただ、その声に向かって「このままではいやだ！」と返すのみでした。

でも、その声になぜだか力をもらうと、「このままではいけない！」という気持ちが芽生えはじめ、少しずつ自分の身体の奥から力が湧いてきたのです。

「まずは、薬をなんとかしてやめよう！」

そう決心した私に響いてきたのは、おじさんの「自然療法がいいよ」という声です。

するとと、なんとそのタイミングで、ある友人からアロマセラピーのキットが送られてきました。

その友人は、私の状況をまったく知らぬまま、「このアロマを使ってみて！　そして、感想を聞かせて！」と偶然、私にアロマオイルのセットを送ってくれたのです。

そして、そのアロマを毎日使い続けると、有り難いことに、自然からの恵みでもあるアロマの力で、私は少しずつ自分を取り戻すこととなりました。

では、絶体絶命の時期に私を救ってくれた声の主とは誰だったのでしょうか？

それこそが、「はじめに」でもお伝えしたペレ様に「スピリチュアルガイドを付けてあげたでしょう？」と言われていたガイドだったのです。

その声の主こそ、ハワイ王国を建国したキング・カメハメハことカメハメハ大王だったのです。

実は、そのことを知ったのは、８年前のことなのです。それまでは、声の主に「あなたは誰？」と聞いても答えてくれなかったので、私はてっきりご先祖様の１人だと信じていました。

ペレ様に会って以降も、しばらくはまだ、その声の主がまさかあのキング・カメハメハとは思ってもいなかったのです。このことは、ハワイ島で毎年行われているキング・カメハメハの儀式に参加した時に本人から教えてもらうことになりました。

ちなみに、キング・カメハメハは、私にとって「おばあさんの知恵袋」ならぬ、「おじさんの知恵袋」的な存在であり、日常生活の中で役立つヒントやアドバイスを教えてくれる身近で親しみやすい存在であり、ペレ様とはちょっと違う役回りを果たしてくれていま す。

キング・カメハメハからは、スピリチュアルな世界の教えばかりではなく、「今日は帰りにあの通りに寄るといいよ」と言われれば、私が必要だと思っていたものを売っているお店に遭遇したり、家を出るときに、「今日は傘を忘れずに」と言われれば天気のはずが雨になって傘が役立つなど、主に私の生活周りをサポートしてくれる存在です。

霊能力を自分でコントロールするために学びの道へ

さて、やっと薬を絶ち、自力で立ち上がって今後の生き方を考えた時、私にとって解決しなければならない問題がありました。

それは、「私の中に見えない世界からの情報が突然、入って来ないようにするにはどうすればいいだろう。見えない世界のスイッチをオンにしたり、オフにしたりできないだろうか」ということです。

これまでの人生において、見えない世界とつながることは、すべてがネガティブなことばかりではない、ということはわかってもいたのです。

子どもの頃、小児麻痺で口がきけない男の子の思いをその子の母親に伝えたりした時は、私のこんな能力も役に立つんだ、と誇りに思えたこともあったからです。

そこで、「もし、自分に霊的な能力があるのなら、それを自分でコントロールできるようになりたい！」と、本格的にスピリチュアルの学びをスタートしました。

最初に私が選んだのは、オーラやチャクラを学びながらヒーリングを行うイギリス在住の先生でした。
これまでの体験から、日本のスピリチュアルの世界は「幽霊」や「霊媒」「陰陽師」など、その言葉からしてちょっとおどろおどろしさを感じていた私は、「オーラ」や「チャクラ」など、なんとなく明るいイメージがある西洋のスピリチュアリティから学ぼうと思ったのです。

その先生の元では主にオーラリーディングやチャクラの仕組みなどを学び、その次に、チャネリングを学ぶべく、ハワイ在住のチャネラーの先生の元へと赴くことになりました。
その他、時を前後して、レイキに加え美容とスピリチュアルという私のテーマを融合させたアメリカの「エサレンマッサージ」や「エサレン・インスティテュート」で学んだりするなど、あらゆるスピリチュアルの学びを貪欲に吸収しはじめました。

そこから数年後、ハワイのチャネリングの先生のアシスタントをすることになり、ハワイ通いがはじまることになるのですが、その先生の元での2度目のハワイでのワークの際に私はペレ様との出会いを果たしたのです。

それは、数人の生徒と共に、冒頭にもご紹介した「ペレの椅子」と呼ばれる場所で、「ペレ様にチャネリングでつながる」というクラスの最中でした。

ちなみに、その時は私だけでなく、他の生徒たちの中でも、ペレ様につながることができた人は何人もいました。

また現在、自身が主催するハワイのツアーでも、ワーク中にはペレ様につながることができる生徒さんもいますが、面白いことに、それぞれのペレ様像やそのイメージはまちまちです。

ある生徒さんのビジョンでは、「やさしそうな女性の姿」だったり、ある人にとっては、「美しく神々しい姿」だったり、ある人にとっては、「髪が長く、ネイティブ・ハワイアンらしい姿」だったりもします。

私が思うに、その人がその時の波動で見るペレ様は、どれもその人にとっては正しいペレ様なのだと思います。

ちなみに私にとってのペレ様は、美しい女性ではあるのですが、少しどっしりとした声の太い〝肝っ玉母さん〟風です。

また、「はじめに」でもご紹介したように、ペレ様とのやりとりは、やさしい感じの対話というよりは、少しそっけない感じのちょっと厳しめの対話がほとんどです。

ペレ様は、日常生活の中でガイドをしてくれているキング・カメハメハと違って、「ここぞ！」という時にしか登場してくれません。

けれども、その「ここぞ！」というタイミングは、まさに私にとって必要なタイミングだったりするのです。

また、その厳しさゆえに、ペレ様の言葉は私を揺さぶり、迷うことなく次の方向性を見出すことができる、とも言えるのです。

それでは、次の章からペレ様が私たちに授けてくれる言葉をご紹介していきたいと思います。

第2章

すべては クリアリングからはじまる

ハワイに古代から受け継がれるクリアリングの大切さ

「身も心もクリアにしてから出直しなさい！」

ペレ様が最初に私に投げかけたのが、この言葉です。

当時、自分の中でやらなければならないことが多く、何を優先すればいいのかわからず、焦ってすべてのことが中途半端になっていた時にそう教えられました。

そんなふうに怒られてしまったのも、私自身のクリアリングができていないからなのです。

けれどもペレ様は、たぶん他の誰にも同じように、「まずは、心身をクリアリングする」

という課題を授けてくるはずです。

実はクリアリングこそ、すべての学びの前に必要なレッスンでもあるのです。

なぜならば、すべてはクリアリングありきであり、クリアリングからすべてがはじまり、クリアリングですべてが終わるからです。

また、このクリアリングは次項の「ホ・オポノポノ」でもお話ししますが、ハワイの伝統的なスピリチュアリティの根幹になる教えでもあるのです。

では、ペレ様の言うクリアリングとは、どのようなことを意味するのでしょうか？

クリアリングという言葉には、実際に私たちが想像する以上にたくさんの意味が込められています。

たとえば、私はもともと美容の世界でのキャリアの方が長いのですが、どんなに高性能だとされる成分のコスメをお肌に与えても、汚れが溜まった肌にはその成分は浸透せず、効果を発揮しません。

要するに、お肌の汚れやくすみをクリアリングしなければ、どんな成分も肌の内側へは入っていかないのです。

また、どんなに栄養価の高い食事を摂り入れたとしても、もし、あなたの身体の中が汚れていると、あなたの身体は栄養を吸収できません。

まずは、身体のデトックスをして細胞の1つ1つからキレイになることで、それぞれの栄養素はきちんと身体に吸収されてその効果を発揮できるのです。

スピリチュアルにおけるクリアリングの考え方も同じことです。

今、願望成就や引き寄せをはじめ、幸せになる方法からサイキック能力を高める方法、アセンションする方法など多くのメソッドが氾濫しています。

ただし、いくらそれらのメソッドにお金をかけたり、長い時間をかけたりして学んでも、その効果を体感したり、きちんと結果を出せていたりする人は意外にも少ないのです。

これは、今では自分が生徒さんたちに向けて教える側になったことで、より強く感じていることだったりします。

実際には、スピリチュアルの教えも、自身のクリアリングができていなければ、どんなマスターからの秘儀やメソッドも自分の中には浸透していかず、効果を発揮することはないのです。

たとえば、もし、あなたが不必要なものを身にまとっていると（ここで〝身にまとう〟とはオーラの中にまとう、という意味です。オーラのクリアリングについては53ページから を参照）、自分自身＝自分の神性＝神様とつながることはできないことになります。

そうなってしまうと、直感や感覚が鈍るだけでなく、自分が何をしたいのかという目標も見失ってしまいます。

そんな、ぼんやりとした〝あいまいな自分〟になってしまうと、神様の方は「あなたの要望がわからないと、助けられません」となってしまい、あなたをサポートできないのです。

また、クリアリングを考えるときに、少し厄介なのが「エゴ（自我・自意識）」の扱いです。

私たちは、本来の自分ではないエゴから脱していくことで、自我をクリアリングしていくことができます。

ここでは、まずは「エゴ」の意味を改めて確認しておきましょう。

私たちは「エゴが強い」というと、「わがままになる」など自己中心的な意味として受け取りがちですが、それはいわゆる「エゴイズム」のことであり、本来、「エゴがある」「エゴを持つ」とは、「本来の自分でい続けることができる」という意味になります。

でも、エゴは過去の体験によって育てられ、培われるものです。

つまり、もし過去にあなたがネガティブな体験をすると、あなたのエゴは以降、同じようなネガティブな体験を二度としないように、心の中で防御システムを張りめぐらすようになってしまいます。

私の過去の霊的現象などは、このいい例だと言えるでしょう。

私にとって見えない世界とのつながりは、過去には絶対的にネガティブなものであり、私のエゴは見えない世界を避けたいもの、いやなものだ、と判断していました。

けれども、私も自分自身のエゴを洗い直してクリアリングすることで、これまでの思い込みははずれることになりました。

そして、より本来の自分に戻る＝自我、エゴに近づくことができたことで、ペレ様との出会いをはじめとする新たな見えない世界とのポジティブな出会いが可能になっていったのです。

今後あなたが何を目指していくのか、どうなっていきたいのかは、あなたがどれだけクリアリングできたか、ということ次第なのです。

そのためにも、さまざまな角度から本来のあなたに戻るためのクリアリングをお伝えしていきたいと思います。

ペレ様のお言葉①

まずは、身も心もクリアになって
出直しさない！
クリアリングができていなければ、
何をやってもダメよ！

ハワイの癒しのメソッド、ホ・オポノポノとの違い

ハワイのヒーリングの根底にある考え方は、クリアリングの概念です。

実際には、このことを初めて知った方でも、ハワイのヒーリングの１つとして知られている「ホ・オポノポノ（Ho'oponopono）」のことをご存じの人は多いのではないでしょうか。

ここでは、ペレ様の教えとホ・オポノポノには、どのような共通点や違いがあるのか、についてお話ししてみたいと思います。

まず、ホ・オポノポノとは、どのようなものなのでしょうか。

すでにご存じの方も多いように、ホ・オポノポノとはハワイの伝統医療に携わり、「カ

フナ」の称号を持つ故モーナ・ナラマク・シメオナ氏が古代ハワイから伝わる問題解決法を現代社会で活用できるようにとアレンジしたメソッドです。

これが後に、イハレアカラ・ヒューレン博士やモーナ氏のお弟子さんであるKR（カマイリ・ラファエロヴィッチ）女史によって、「ごめんなさい、許してください、愛しています、ありがとう」という4つの言葉を唱えることで、ネガティブな記憶を消去し浄化するメソッドとして体系化されて紹介されてきました。

日本でも、2000年以降にこのホ・オポノポノは書籍などを通して広く普及されてきたことから、このシンプルな*クリーニングのメソッドを実際に体験された方も多いのではないでしょうか。

ちなみに、もともと古代ハワイから伝わるホ・オポノポノの本来の意味は、少し違うものだったりします。

かつて、ネイティブ・ハワイアンは、自分たちの暮らすコミュニティで何か問題が起きた際には、コミュニティの長老でありシャーマン的立場のカフナを取り囲み、問題を抱えるメンバーが各々の感情をお互いにぶつけあいながら問題を解決していくという場を設けていました。

この和解と許しのミーティングの儀式の習慣のことをホ・オポノポノとネイティブ・ハワイアンたちは呼んでいたのです。

つまり、誰をもジャッジすることなく、裁くこともない対話の場でお互いが本音をぶつけあい、怒りや憎しみ、悲しみなどを浄化して昇華させていたのです。これは、人は魂レベルまで裸になり自分を見せ合うことで初めて、魂同士の和解が可能になる、ということでもあるのです。

実は、ペレ様の語るホ・オポノポノも、古来より伝承されてきたホ・オポノポノの意味の方により近いと言えるでしょう。

※　**クリーニング**
イハレアカラ・ヒューレン博士やＫＲ（カマイリ・ラファエロヴィッチ）女史のホ・オポノポノにおける浄化法はクリーニングと表現されています。

というのも、ペレ様も「本気で生きることで人は許し合い、癒し合うことができる」と説いているからです。これがつまり、ペレ様流のホ・オポノポノなのです。

では、どうすれば、自分の感情をさらけ出せるのでしょうか？

現代社会においては、どちらかというと、自分の感情をさらけださない方が良い、とされていたりもしますが、ペレ様は常々、そのためにも「自分の内側にアクセスすることの大切さ」を説いています。やはり、自分の内側にすべての感情が溜まっているからです。

また、ペレ様の「本気になる」とはどのようなことを意味するのでしょうか？

一般的には、「本気になる」と言うと、「一生懸命になる」とか「熱中する」という意味に受け取られがちですが、ペレ様の「本気になる」とは、「自分がこの世界に生きているということを、毎瞬毎瞬、意識しながら生きる」ということです。

それはつまり、日々の生活の中で五感を研ぎ澄ませながら、自分のどんな小さな行動さえも意識しながら丁寧に生きる、ということでもあるのです。

それができていれば、オーラによどみもなく、常にクリアなあなたでいられるのです。

あなたは、日々のルーティーンに追われて、毎日をぼ～っと生きていないでしょうか。

たとえば、通勤時に毎朝通る道があるとしたら、あなたはその道を毎日ただぼんやりと歩いていませんか。

もしかしたら、ある日は、道端の隅っこにコンクリートの隙間から小さな花が咲いていたかもしれません。

また、季節の変わり目には風がいつもと違う方向から吹いてきていたのかもしれません。

五感というアンテナを張っていれば、そんな変化さえもあなたはすべて受け止められるはずです。

毎瞬毎瞬を大切にしながら意識的に生きることで、あなたは自分の内側とダイレクトにつながり、それが可能になることで、あなたは神性ともつながれるのです。

ホ・オポノポノも、ペレ様にかかれば「毎瞬毎瞬を本気で生きること」に他ならないのです。

ペレ様のお言葉②

本気で生きることで、
人は初めて許し合い、
癒し合うことができるのよ。
それが、私のホ・オポノポノよ。

クリアリングとは、オーラを整えること

では、自分自身をクリアリングしていく、とはどういうことなのでしょうか？

クリアリングにはさまざまな方法がありますが、私にとっては「その人のオーラについた汚れや歪みを調整していく」ということが主なクリアリングになります。

私たちの身体の周囲にはエネルギーフィールドであるオーラがあることはすでにご存じの人も多いと思いますが、このオーラの中には、その人に関するすべての情報や歴史、生き方が詰まっていると言っても過言ではないでしょう。

ここでは、クリアリングの説明の前に、まずは、オーラについてもう少し詳しくご説明しておきましょう。

オーラとは、一言で言えば、「その人が1個の生体として発している霊的なエネルギー」のことです。

私の考えるこのエネルギーの層は、人体に近い順から①エーテル体、②アストラル体、③エモーショナル体、④メンタル体、⑤スピリチュアル体、⑥ソウル体、⑦コーザル体の7つです（オーラの層の数については、各々のオーラの概念によって、層の数にも違いがあることがあります）。

それぞれのオーラの層は次の通りです。

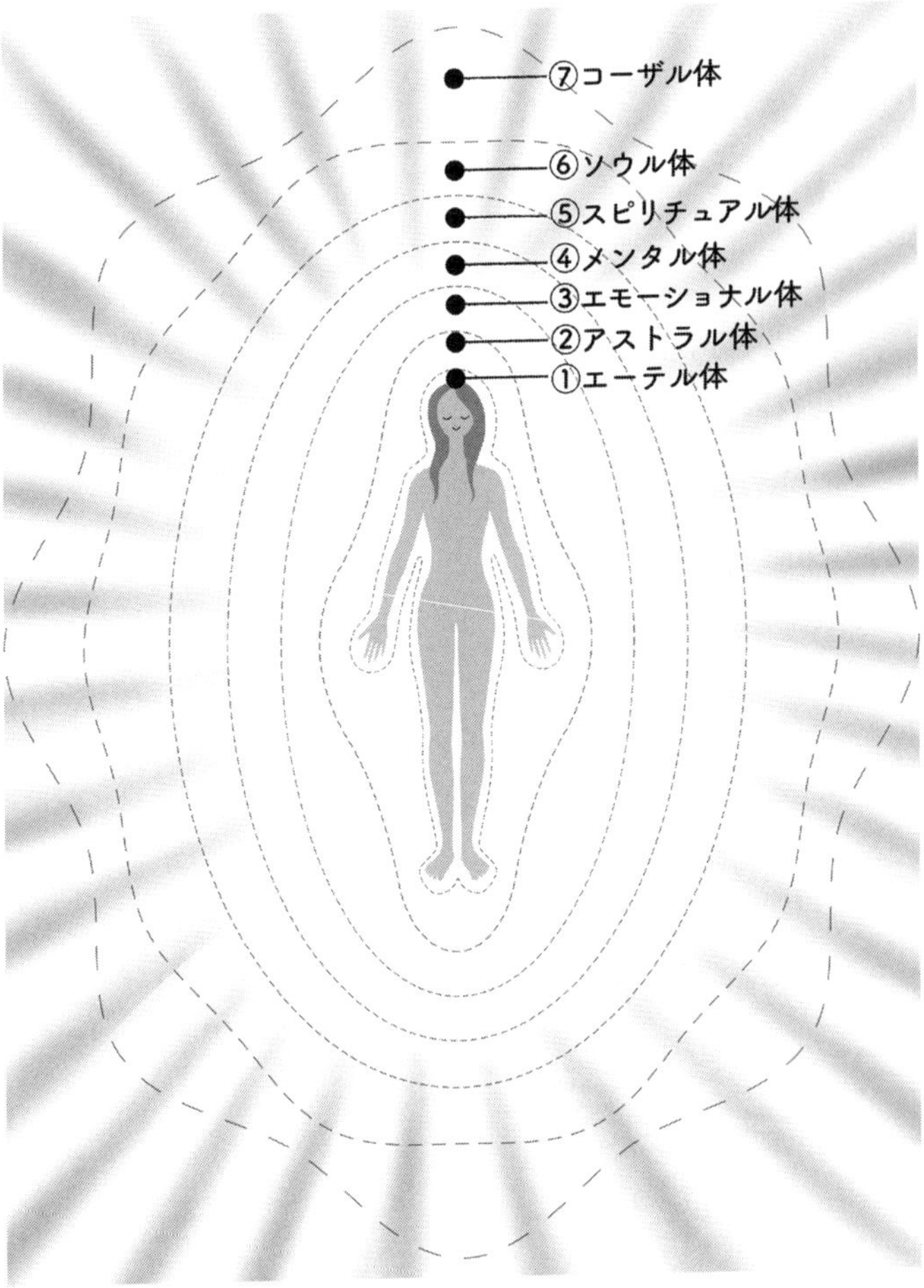

身体を取り巻く7つの層のオーラ

① エーテル体

肉体のすぐ外にあるオーラの第1層で、身体から5〜10センチの幅で身体を取り巻くエネルギー体。この層は、主に肉体的な情報が入っていて、肉体を守る役割も担います。いわば、肉体からの情報がにじみ出ている層。たとえば、薬を飲んだり、手術をしたりすると、このエーテル体にも影響を与えます。また、身体の傷は治っても、この層にはまだ情報が残っていたりします。そして、ここにエネルギーが残っていると、古傷が長引いたりすることもあります。

② アストラル体

オーラの第2層。アストラル体は、その人の感情の喜怒哀楽などの変化を表し、その人の感情の在り方を伝える層です。また、本人がはっきりとした感情表現をしていなくても、心の内側で感情のエネルギーは動くので、アストラル体に変化は現れます。また、本人が上手く感情表現ができないと、感情のエネルギーが蓄積して、重たく暗いオーラになるので、そんなオーラのせいで暗い雰囲気の人になってしまいます。

③ エモーショナル体

オーラの第3層。この層は、性格や性質、人格などにつながるオーラです。また、両親や祖父母など血縁から続く考え方の刷り込みや、経験や環境から学んだ思考パターンがベースになります。思考と肉体は密接につながっているので、その人の思考や信念の在り方が肉体に反映されます。

④ メンタル体

オーラの第4層。この層は、第1層から第3層までをまとめたような層で、第1層から第3層までの肉体的な情報と、第5層から第7層までのスピリチュアルな層をつなぐ層です。いわゆる、その人の第一印象を表現する層。たとえば、初対面の出会いで、相手が「好きだな」とか「苦手だな」と感じたりするのも、この層のエネルギーを相手が感じることから生じるものです。さらには、周囲の雰囲気の影響もこの層で受け取ります。加えて、この層では天体からの見えない光の素粒子の影響も受け取ります。この層がクリアであれば、宇宙（天体）からの情報もスムーズに入ってきます。

⑤ スピリチュアル体

オーラの第5層。この層から、よりスピリチュアルな層になっていきます。この層には、未来に起こる肉体的特徴の情報が入っています。そのため、この層に問題の情報があると、未来に何らかの肉体的疾患が現れます。第5層のエネルギーが第1層まで浸透していく時間が、その情報が肉体に反映される時間になります。このタイムラグの間に対策ができることもあるので、ここの情報を読み取ることで予防をすることもできます。

⑥ ソウル体

オーラの第6層。この層は、喜びや楽しさなどのポジティブなエネルギーを流動させている他、無条件の愛の領域へもつながっています。条件ありの幸福観ではなく、その人の存在そのものやスピリチュアル性を表現している層です。この層のエネルギーの在り方次第で、ハイヤーセルフとのつながりやすさに関係してきます。

⑦ コーザル体

オーラの第７層。この層は、信念体系や神、魂とのつながりを表します。また、その人が今回の人生で成し遂げることなど、今後の未来についての情報も入っています。いわゆる、アカシックレコードの情報がこの層にあたります。さらには、高次元のエネルギーとのつながりも持ち、オーラの外側を守る役割もあります。

たとえば、よく「あの人にはオーラがある」と表現することがありますが、そんな人のオーラは力強く、弾力があり、きれいな形をしているものです。

一方で、「あの人の雰囲気は暗いね」などと表現する時、その人のオーラを見るとその層も薄く、形もいびつな形をしていたりするものです。

私はよく「オーラが雑」「ごちゃごちゃしたオーラ」という表現をしますが、オーラがごちゃごちゃしている人はムダな動きが多く、やらなければならないことの優先順位がつけられずに、事がスムーズに進まなかったりします。

そんなオーラの在り方は、書類に貼るフセン（付箋）に例えることができます。

たとえば、Ａ４のぶ厚い書類の上部、または横に色別にフセンがきちんと並んで貼られているると、それぞれの色別に重要な個所をすぐに確認できますね。

でも、もし、同じ書類にぐちゃぐちゃにフセンが貼られていたらどうでしょうか？

フセン自体もヨレヨレでフセンの色もバラバラ、貼られている場所も上だったり、横だったり、時にはナナメだったりすると、どこをどう見ればいいのかわからないし、フセンが意図することもこちらにはよくわかりません。

つまり、私にはオーラがキレイな人は、オーラにもフセンがキレイに貼られているイメージで、オーラが雑な人はオーラにもフセンがぐちゃぐちゃに貼られている、というようなイメージなのです。

そこで、そんな場合は、クリアリングでオーラの整理整頓、つまり、オーラの断捨離を行うのです。

通常、私がクライアントさんのオーラを見る場合は、セミトランス状態になってその方のオーラの中の情報を読んでいきます。

その際には、オーラの層の種類はそこまで意識せずに、その人の全体的なオーラの状態を感じ取りながら、クリアリングしていきますが、ほとんどの場合は体表から近いエーテル体、アストラル体、エモーショナル体の３つの層のバランスを取ることになります。

というのも、一番外側のコーザル体は、その人を中心に2キロメートル先まで伸びていたりもするので、より身体に近い層を中心に整える必要があるのです。

時折、宇宙系の意識が強い人や、宇宙系の魂を持っている人は、４番目の層のメンタル体まで見ながら調整していきます。その際にはオーラをリーディングしていると、どこの星の出身か、などもわかってきます。


また、オーラに関しては、私はオーラの「色」というより、「形」の方が気になります。

たとえば、ある人が右の腕をちょっとした不注意で怪我をしたとします。そして今度は、その数日後に、右側の腰を机にぶつけてしまい、痛めてしまったとします。

そのような場合、実際にその人の身体の右側のオーラの形は人型に合ったきれいな楕円形ではなく歪んでいたりするはずです。

またオーラの層が右側は10センチなのに、左側の同じ層が5センチだったりする人もいます。そのような場合も、やはり均等でバランスのとれた厚さに整える必要があります。

では、何が原因でオーラはキレイな形に整っていたり、歪んでいたりするのでしょうか？

そもそも、こんなふうにオーラの在り方に影響を与えているのが、身体にあるチャクラなのです。

チャクラとは、身体のエネルギーラインに沿って、第1チャクラから第7チャクラまであるエネルギーセンターとして知られていますが、私たちは、各々のチャクラからエネルギーを出し入れしながら身体を循環し、心身の健康やバランスを取っています。

でも、オーラの在り方に影響するこのチャクラもただ大きく開いていればいい、というわけではなく、すべてのチャクラの大きさが揃っている必要があります。

また、これはあまり知られていないのですが、第1チャクラと第7チャクラを除き、第2から第6までの5つのチャクラに関しては、身体の前後にそれぞれエネルギーのスポットがあります。

つまり、チャクラの数は合計７つではなく、計12個のチャクラがあるということになります。

この身体の後ろ側についている「裏のチャクラ」は、その存在があまり知られていないので、実際に裏の５つのチャクラは閉じている人が多いのです。

「第２～第５チャクラは身体の裏側にもある」と意識するだけで、チャクラは開いてくるので、まずは身体には７つだけでなく12のチャクラがある、と意識するところからはじめてみてください。

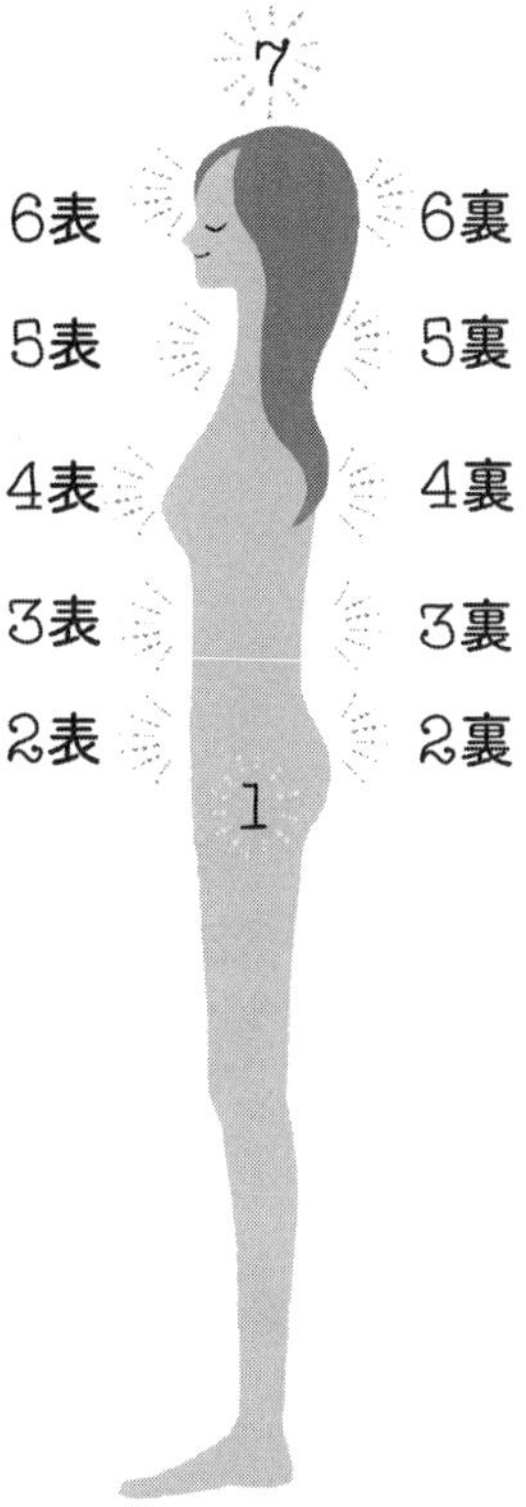

第１と第７チャクラを除き、身体のそれぞれの位置の前後に２つあるチャクラ

ペレ様のお言葉③

クリアリングできているかどうかは、
あなたのオーラを見ればわかるわ。
オーラがぐちゃぐちゃだと、
生き方も乱れてしまうのよ！

Fire Clearing

生きる力を取り戻す「ファイアー・クリアリング」

では、どんな時にどんなクリアリングを行えばいいの？

そんな疑問を持つ人のために、私がペレ様から伝授されたクリアリングを、その使い方の例を挙げながら紹介していきたいと思います。

クリアリングでは、「火（ファイアー）」「水（ウォーター）」「地（アース）」「風（エアー）」という自然界の４大元素のパワーを借りてクリアリングを行い、それぞれ、「ファイアー・クリアリング」「ウォーター・クリアリング」「アース・クリアリング」「エアー・クリアリング」と呼びます。

それぞれのクリアリングの意味と意図は、各々の文字が表すように、ファイアーの「火」は「熱量」や「情熱」を、ウォーターの「水」は「浄化」を、アースの「地」は「グラウンディング」を、エアーの「風」は、「流れ（フロー）」を意味しています。

これらの要素は自然界の基本になる4大元素の働きであり、自然の創造物の一部である私たち人間は、自然とつながり、自然の一部であることを思い出すことで本来のパワーを取り戻せるのです。

それでは、まず、ファイアー・クリアリングからご説明しましょう。

ファイアー・クリアリングは、次のような状況のときに行います。

ファイアー・クリアリングはこんなときにおすすめ

ファイアーは炎の強さ・激しさをイメージするように、ファイアー・クリアリングは自分に熱量や情熱が足りない、もしくはそのせいでやる気などが低下して、生きる力が湧いてこないときなどに使用します。

●モチベーションの低下。自分の意思が定まらず、物事が決定できない。やるべきことの優先順位がつけられない、など。

●何事にもワクワクせず、生きる力が湧いてこない。

●人とのコミュニケーションが上手くできない——会話が上手く運べない。相手の話が耳に入ってこない。何度も同じ話を繰り返したりしてしまう。

●何か不穏な感じを受け取ったり、怪しい雰囲気を感じたりしたとき。何かに憑《つ》かれたような気がする。

●ペレ様や天照大神《あまてらすおおみかみ》など火系の神様とつながりたい。

ファイアー・クリアリングの方法

ファイアー・クリアリングは熱い炎のイメージの波動を使って、オーラ全体をクリアリングしていきます。

ファイアー・クリアリングの行い方

Step 1

オーラの4番目の層のメンタル体までイメージしてください。

Step 2

呼吸を整えたら、自分の意識をオーラのメンタル体が広がる空間に合わせてみてください。

Step 3

紫の炎をイメージしたら、足底1メートル下から炎を着火していきます。

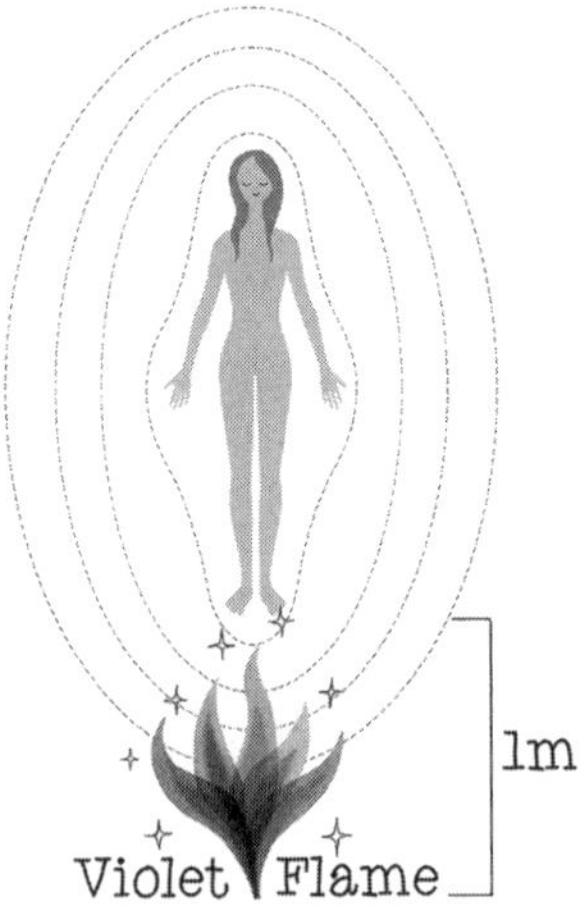

Step 4

紫色の炎が下方から少しずつオーラの形に沿って燃えていくイメージをします。さらには、炎が燃えながら、自分に不必要なエネルギーがある箇所に達すると激しく燃えるようにイメージします。

Step 5

紫頭頂部の１メートルくらい上まで燃えるまでイメージを続けます。そして、最後に炎が燃え尽きていくイメージができたら終了です。

ファイアー・クリアリング実践例

霊が憑いたオーラを炎で焼いて、自分自身を取り戻す

エステティックの常連のお客様、Ａさんが私のサロンに施術を受けに来られた時のことです。

私は、いつものように少し灯りを落とした施術ルームに入り、彼女への施術をはじめました。

エステ中はいつも、私たちはたわいもない日常会話に花を咲かせているのですが、その日に限って、なぜかＡさんは会話も上の空になりがちです。そして、同じ話を何度も繰り返すのでした。

私はしばらく様子を見ていましたが、彼女はどうやらいつもの彼女とは違うことがわかりました。そこで、私は会話を止めて、彼女に質問してみました。

「最近、いつもは行かないような場所に行ったりしなかった？　それとも、とても疲れている？　さっきから同じ話が何度もループしているんだけれど大丈夫？」

ここで彼女はやっと自分の異変に気づいたようです。

彼女は、サロンに来る直前に、職場の上司の葬儀に参列してきたとのことでした。彼女いわく、その上司とは特に仲が良かったわけではないけれども、葬儀に参列したことで、なんとなく悲しい気持ちがこみ上げてきていたそうです。

葬儀に参列するとどんな人だって悲しい気持ちになるのは当たり前ですが、彼女はこうも続けました。

「お葬式に行ってから、なんだか不思議な感じがするの。自分が自分じゃないような不思議な感覚が続いていて……」

そこで、施術をしていた私は手を止めて、彼女に告げずにファイアー・クリアリングを行うことにしました。

彼女のオーラを炎で焼いて、彼女の意識を〝今ここ〟の場所に戻したのです。

すると、横になっていた彼女が「なんだか、すっきりしてきたんですけれど、何かしてくれましたか？」と声を上げました。

私は彼女にファイアー・クリアリングをしたことを話し、今後もこんなことがあったら自分でやってみて、とクリアリングの方法を伝えました。


実はこの時、彼女には亡くなった上司の霊が憑いていたのです。

上司とは仕事上のみの関係で、親しい間柄ではなかったのですが、その上司と同じような年齢で父親を亡くしていたことで、葬儀の際には亡き父親への思いと亡くなった上司のイメージを重ねてしまっていたのです。

この場合、憑いていた上司の方も、彼女に対して特別な思いがあったわけではありません。それでも、彼女の父親に対する深い愛情や悲しい思いと、亡くなった上司の方の現世への思いの周波数がピタリと合ってしまったのでしょう。

「霊が憑く」というと怖ろしいイメージばかりを思い浮かべる方もいるかもしれませんが、こんなふうに知らないうちに、オーラの中に人の思念が入ってきたりすることもあるのです。

この場合も恨みや苦しみ、悲しみなどのネガティブなものではなかったのですが、それでも、オーラに余計な情報が入ってきて、それを抱えてしまうと、〝我〟を失ってしまうこともあります。そんな時は、いったん、現状のオーラを焼き尽くすことで、本来のその人だけのオーラに戻します。

後日Ａ子さんは、サロンを出た時には、気持ちがすっきりしただけでなく、「なんだか、視界が広がった感じがしました！」とメールをくださいました。

ペレ様のお言葉④

あなたの魂に炎を点火！
生きる力が湧いてこないときは、
ファイアー・クリアリング！

Water Clearing

浄化して洗い流す「ウォーター・クリアリング」

「水に流す」という言葉があるように、水の浄化のパワーを使うのがウォーター・クリアリングです。

ウォーター・クリアリングはこんなときにおすすめ

●悪いことが続いたり、ケアレスミスが続いたりする。
●体調不良や不定愁訴が続く。
●感情が不安定になって、対人関係にトラブルを起こしがち。

●理由もないのに、寒気がしたり、嫌な気分になったりする。
●飛行機に乗ったり、パソコン作業などが多かったり、スマホを長時間使用したりなど電磁波に長く触れるとき。

ウォーター・クリアリングの方法

ウォーター・クリアリングは、実際に水を使ってクリアリングを行います。

可能であれば海や川、滝など自然界の水を使うのがベストですが、自宅などではシャワーの水（お湯）でも十分なクリアリングを行えます。

ウォーター・クリアリングの行い方

Step 1

オーラの４番目の層のメンタル体までイメージしてください。

Step 2

呼吸を整えたら、自分の意識をオーラのメンタル体が広がる空間に合わせてみてください。

Step 3

バスルームでシャワーの水（お湯）が頭上１メートルぐらい上から自分の全身に降りかかるようにセットします（立っていても座っていてもＯＫです）。

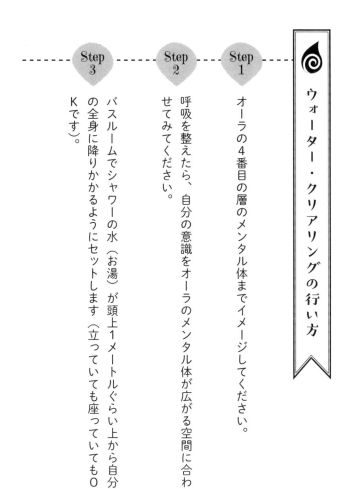

Step 4

シャワーヘッドから緑色の水（お湯）が身体のオーラの形に沿って降り注ぎながら、頭から足先まで自分に不必要なエネルギーを洗い流していくイメージをしてください。

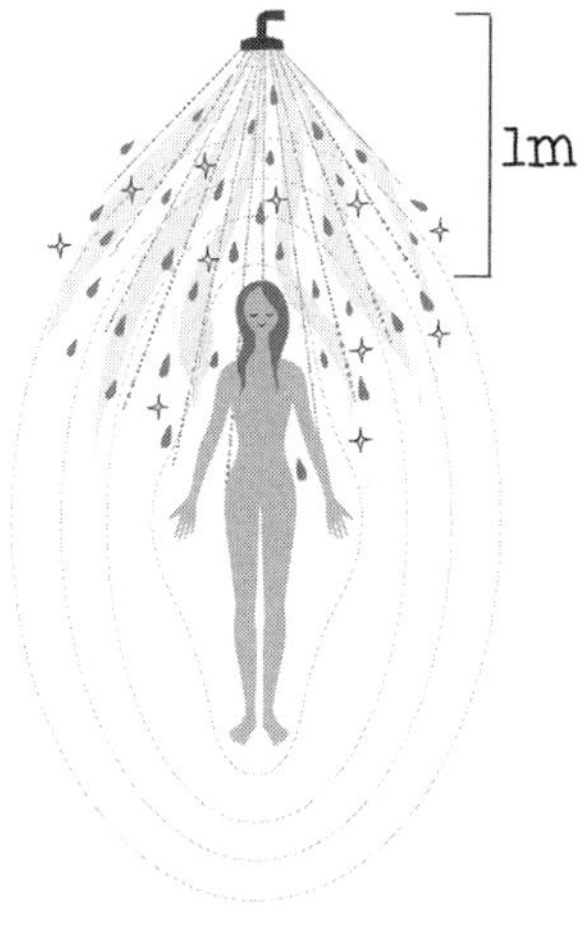

Step 5

オーラが足先までキレイになり、浄化されたイメージができたら終了です。

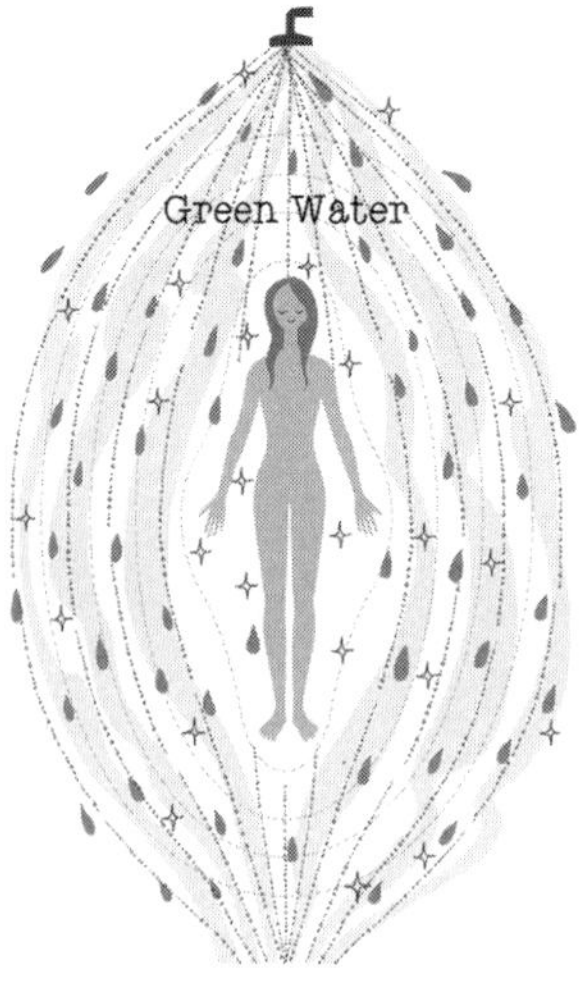

ウォーター・クリアリング実践例

多忙さと電磁波の疲労を
水のパワーで洗い流して浄化する

知人のＢ子さんは、元気でアクティブなキャリアウーマンです。

彼女は仕事柄出張も多く、常に飛行機や新幹線で移動ばかりしているのでめったに直接会えないのですが、そんな彼女とランチができることになりました。

でも、久しぶりに会った彼女は、心なしかどこか疲れているようです。聞けば、最近は忙しさもさらにエスカレートしていて、肉体的に疲れているだけでなく、いつもはポジティブになれるのに、最近は精神的にもイライラしてしまう、とのことでした。

体調は病院へ行くほどではないものの、常に倦怠感《けんたい》と頭痛があって眠りも浅く、そのせいで余計に疲れのとれない日々が続き、仕事もはかどらずにイライラがつのるなど、精神的にも参ってしまっていたのです。

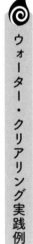

そんな彼女の話を聞いてピンときたのは、彼女は多忙ではあるのですが、それに加えて電磁波にさらされる移動があまりにも多いことから、電磁波が彼女に悪影響を与えているのではと思いました。

近年、電磁波が人体に与える健康被害などもやっと叫ばれるようになってきましたが、オーラは身体のエネルギーの現れでもあるので、オーラの在り方が電磁波により影響を受けるのは確かなのです。

そこで私は、彼女のオーラに影響を与えている電磁波を洗い流してもらうべく、毎日、入浴時にはウォーター・クリアリングをしてもらうことをお願いしました。

彼女は「イメージすることが下手なので上手くできるかどうかわからない」とのことから、最初は私が遠隔でサポートしながらクリアリングを行うことにしました。

すると、まず変化が出たのが睡眠です。

彼女は忙しい日々を送りながらも、ぐっすりと深い睡眠ができるようになりました。それが彼女の精神安定につながり、心に余裕ができはじめたのです。やがて、睡眠不足が原因だったのか、頭痛や倦怠感も少しずつ消えていきました。

今では、彼女は出張をできるだけ少なくしながらも、もし、出張があれば、滞在先のホテルなどで必ずウォーター・クリアリングを行い、オーラの汚れを洗い流して心身のバランスを整えていると教えてくれました。

彼女は現在もパワフルに仕事を続けています。

ペレ様のお言葉⑤

汚れを落とすように、
水のパワーで浄化する。
ウォーター・クリアリングで、
すべてを洗い流しなさい！

Earth Clearing

グラウンディングする「アース・クリアリング」

現実逃避しがちなときには、アース・クリアリングで大地にしっかりと自分の根を下ろして現実に向き合います。

アース・クリアリングはこんなときにおすすめ

●夢見がちで、見た目もふわふわしていて、現実逃避しがち。
●今の現実や今の自分が嫌で、どこかに逃げ出したいと思ってしまう。
●お金や豊かさを生み出したい。仕事やキャリアで成功したい。

●何かを創造したいのに、アイディアが出てこない。
●優柔不断になってしまい、決断できない。
●土地の神様とご縁を持ちたい。
●妊娠したい。

アース・クリアリングの方法

アース・クリアリングは、大地の力強い波動を使ってオーラをクリアリングし、しっかりと大地と自分をつなげていきます。

本来なら、実際に自然の中で裸足になって大地のパワーを感じながら行うのが理想的ですが、イマジネーションを使うことで、いつでもどこでも行うことが可能です。

アース・クリアリングの行い方

Step 1

オーラの４番目の層のメンタル体までイメージしてください。

Step 2

呼吸を整えたら、自分の意識をオーラのメンタル体が広がる空間に合わせてみてください。

Step 3

過去に海や山など自然の中で、裸足になって足の裏で大地を感じた体験を思い出します。ここでのポイントは、できるだけ、その体験をした時の景色を五感で思い出すということです。たとえば、過去に南国のビーチを裸足で歩いたことがある人なら、足の裏にやさしい砂の感触を感じたことや、冷たい海水がさざ波となって足元にやってきたことなど、その時の景色の色、音、匂いなどすべての感覚を総動員して、自分がその場にいることをイメージしてみてください。

Step 4

足の裏の感覚を思い出し、まるで今もまだ土の上にいるような感覚になれたら、ゆっくりと呼吸を繰り返します。

Step 5

足の裏からゆっくりと呼吸をして、大地から高波動のエネルギーが身体の中に入ってくるイメージをします。体内が力強い大地のエネルギーで満たされて、身体からそのエネルギーがにじみ出るイメージを何度も繰り返しましょう。

Step 6

オーラ全体が高波動の大地のエネルギーで満たされるイメージができたら終了です。

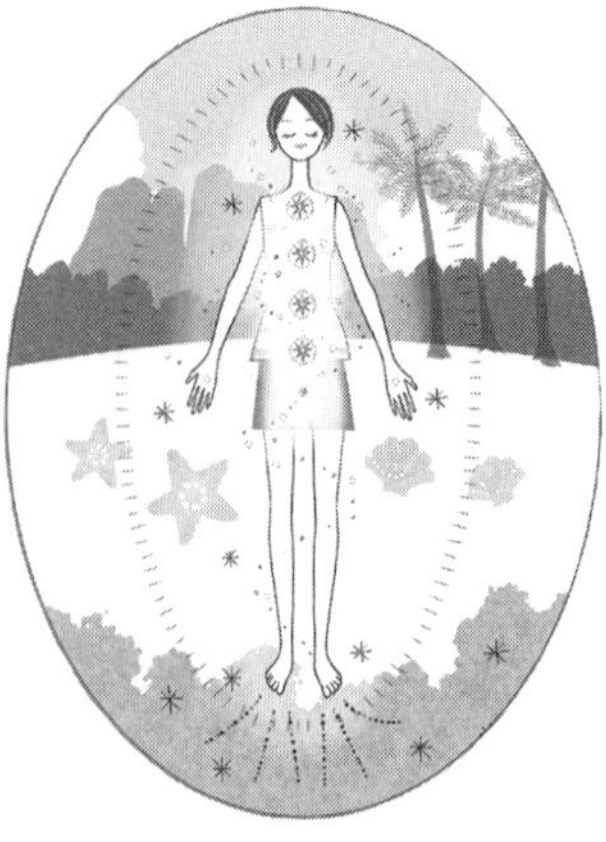

アース・クリアリング実践例

大地とつながることで、念願だった子どもを授かる

エステティシャン仲間の後輩のＣ子さんは、明るく可愛らしい方で、さらには昨年ご結婚されたことで、幸せいっぱいです。

ところが、そんな幸せを絵に描いたようなＣ子さんに会ったのに、彼女は何か悩みを抱えているようです。

彼女と話をしてみると、彼女からおすすめの婦人科はないかと訊ねられました。どうやら、子どもが欲しいのになかなかできないことを悩んでいて、不妊外来にかかってみたいのだけれど、仕事も忙しく、不妊治療の通院をすることも難しいとのこと。

彼女の話を聞く限り、特に身体的に問題はなさそうです。けれども、彼女がもし妊娠を

望むなら、「大地の母」という言葉もあるように、まずは、大地としっかりつながるアース・クリアリングが必要だと感じました。

彼女にアース・クリアリングを勧めると、仕事と家庭の両立で忙しく、自然のある場所まで出かけることも難しいとのことだったので、公園でアース・クリアリングを行うことを提案してみました。

彼女はその翌日から朝早く起きて1人で公園へ行き、裸足になってアース・クリアリングを行うことを習慣にしてみたそうです。

すると、本来の目標は子づくりだったのに、まずは、仕事の効率が上がって残業が減り、早く家に帰ることができるようになったことで、よりストレスのない生活ができるようになったとのことです。

精神的に余裕ができた彼女から妊娠の報告を聞いたのは、その後しばらくしてからでした。彼女いわく、アース・クリアリングを習慣にしてから、1か月後くらいに妊娠したそうです。

今、彼女は3人の子どもの母親として幸せいっぱいに暮らしています。

ペレ様のお言葉⑥

自分の人生に、今の現実に
向き合いなさい！
アース・クリアリングで、
しっかりグラウンディング。

Air Clearing

変化を促す「エアー・クリアリング」

停滞感や閉塞感を感じるときには、変化を促す「エアー・クリアリング」を行います。

エアー・クリアリングはこんなときにおすすめ

- 自分のルールから抜け出せず、凝り固まった考えをしてしまいがち。
- 自分の行動や思考に柔軟性が欠けていると感じてしまう。
- 人間関係や作業の流れなど物事の動きが停滞してしまう。
- リフレッシュして気分転換をしたい。

●気分が落ち込みがちになったり、体調不良を感じたりする。

エアー・クリアリングの方法

エアー・クリアリングは、大気中の空気の持つ高い波動を使ってオーラをクリアリングしていきます。

本来なら、実際に空気がフレッシュな大自然の中で行うのが理想的ですが、イマジネーションを使うことで、いつでもどこでも行うことが可能です。

エアー・クリアリングの行い方

Step 1

オーラの４番目の層のメンタル体までイメージしてください。

Step 2

呼吸を整えたら、自分の意識をオーラのメンタル体が広がる空間に合わせてみてください。

Step 3

過去に行ったことのある大自然の場所で気持ちよさを感じた体験を思い出し、その場所のキレイな空気をイメージしてみてください。ここでのポイントは、できるだけその実際の場所の景色や感覚を五感で思い出すということです。たとえば、海の波の音、草原をなびく風の音、小川のせせらぎの音など、色、音、匂いなどすべての感覚を総動員して、自分がその場にいることをイメージしてみてください。

Step 4

自分がその空間にいる感覚に浸れたら、ゆっくりと呼吸をしていきます。

Step 5

鼻でゆっくりと呼吸をしながら、身体の中が新鮮な空気で満たされ、きれいな空気が身体からにじみだすようなイメージを何度も繰り返しましょう。

Step 6

オーラ全体が澄んだ空気で満たされるイメージができたら終了です。

エアー・クリアリング実践例

フレッシュな風を吹かせて凝り固まったルールをはずし、風通しよくフレキシブルに生きる

D子さんは、私のサロンの常連のお客様です。

正義感が強い彼女は、ついつい自分が良いと思ったやり方や意見を通そうとしてしまうことで、職場での人間関係に悩むことがしばしばある様子でした。

私と話をしているときはそうでもないのですが、職場では、そのために攻撃的になったりすることもあるそうで、彼女はそんな自分に苦しんでもいたのです。

ある日、いつもなら仕事帰りにサロンに来て、愚痴を言うくらいで済んでいたはずの彼女が、その日は私の顔を見た途端に泣き出してしまいました。

「私は間違っていないはずなのに、いつも私が悪者になってしまう。もう、どうすればいい

いのかわからない……」

私は彼女の幼少期に何か原因があるような気がして、彼女の小さい頃の話を聞いてみることにしました。

すると、彼女は厳しい両親のもとで育ち、常に理論ありき、の教育方法の中で「正しいこと」を例外なく選択しなければならないことを教え込まれて育ったことが、今の彼女の生き方にも影響をしているのだとわかりました。


当然ですが、世の中には白黒つけられないこともたくさんあり、ある人にとって正しいことだって、他の人にはそうでないことも多かったりするものです。

人は自分の中に凝り固まったルールがあることで、生きづらくなってしまうのです。

そこで、彼女にはこれまでの自分の生き方のルールを変えるために、エアー・クリアリングをしてもらうようにお願いしました。

その当日は、彼女は自分でクリアリングができないほど弱り切っていたので、私が行うことにして、自宅に戻ったら、翌日からしばらくエアー・クリアリングを続けてもらうことにしました。

その後、しばらくして、サロンを訪れてきた彼女は、いつものように愚痴をこぼすこともなく、まるで別人のようになっていました。実際には、別人になったというよりも、これが本当の彼女なのだとわかりました。

彼女はその後、職場では他の人の意見を否定せず受け入れることができるようになり、多角的な視点で物事を捉えられるようになったとのことです。

また、そうなれたことで対人関係もスムーズになり、一緒にチームで問題を解決できるようになったそうです。

その後、彼女からは、その会社で出世して、今では多くの部下を抱えながら、組織の中で上手くやっているとの報告を受けました。

ペレ様のお言葉⑦

よどんだ空気は、
あなたのオーラと共鳴してしまうわよ。
そんな空気は、今すぐ一掃しなさい。
エアー・クリアリングで、
あなたはいつも
変化・変容が可能なのよ！

＊

以上が、４つのエレメントを用いたクリアリングとその方法、実践例です。

また、クリアリングの際には、１つのクリアリングだけでなく、幾つかのクリアリングを組み合わせて行うことも多いと言えるでしょう。

たとえば、最初にウォーター・クリアリングで浄化した後で、アース・クリアリングをして、グラウンディングを促す、など必要に応じてクリアリングを組み合わせて使用します。

例を挙げると、具体的な症状で言えば、うつの人は肝臓が弱っていることに原因があることが多いといわれています。これは、肝臓による解毒作用ができなくなると慢性疲労に陥り、やる気や気持ちの落ち込みにつながるからです。

そんなときは、熱量を上げようとしてファイアーのエネルギーを入れると、逆に炎の強さでオーラも炎上してしまいます。

そこで、このような場合には、肝臓の解毒を促進させるために、まずは、ウォーター・

クリアリングでオーラをしっかりとデトックスして、その後で、ファイアーのエネルギーを入れる、というような組み合わせになります。

このように、クリアリングをするときは、それぞれの症状や状態によって組み合わせやその順序などを変えていくことも重要になってきます。

ただし、このような組み合わせによるクリアリングは、身体の機能や働きの知識も学ぶ必要があることから、上級者向けのテクニックになってきます。

初めてクリアリングを行う人は、まずは、各々のエレメントのクリアリングの特性とその役割を学びながら、１つずつ、単体でのクリアリングを自分でも体感しながら実践していくことをおすすめします。

Column 1

陽にあたっていないのに火傷状態に？

――ペレ様はこんな方法で私を導くことも

さて、こうして皆さんにクリアリングの方法をお伝えしている私ですが、実は、この私自身もペレ様からクリアリングができていないことで、お叱りを受けることがあります。

ペレ様は、人を石に変えてしまうほどの激しさで有名ですが、ここでは、そんなペレ様の厳しい指導を受けた体験をお話ししてみたいと思います。

それは、私がハワイ島でワークショップを行った時のことです。

あるとき、サロンの方もかなり忙しい時期にツアーを組む運びになり、美容とスピリチュアルという2足のわらじを履く私は、仕事に加えて、ツアーの準備に大わらわになってしまいました。

そして、そんな忙しい時に限ってありがたいことにツアーの参加者が多く、5人前後で1グループによる3、4泊の現地でのワークショップを、立て続けに4セット行うことになりました。この時ばかりは、あまりにも目が回るほどの忙しさで、ハワイに出発する前から到着してからも、私はどこか心ここにあらず、という感じでした。

現地での最初のグループはいつもの常連さんたちが揃っていました。

本来なら私が現地に着いて心を落ち着けて瞑想状態で自然とつながり、今回のツアーでは、どのパワースポットから順番に回ろう、などを決めています。

けれども、常連さんたちはツアーにも慣れていたこともあり、ペレ様に会いたい、というグループと雪の女神である「ポリアフ（標高4000メートル級の山、マウナ・ケアに住むといわれている）」様に会いたいという2つのグループに分かれてツアーを行うことになり、例外的に私もそれに同意してしまいました。

すると、ポリアフ様へ会いに行ったグループの1人が、道中で体調が悪くなり、途中でツアーから引き返さなければならなくなってしまいました。

私はペレ様のツアーの方を引率していたのですが、ツアーから戻ると、その日は天気が悪かったのに、なぜか私の首から上の部分だけがひどい日焼けをしたように炎症を起こしてしまい、火傷のような痛みに苦しむことになりました。

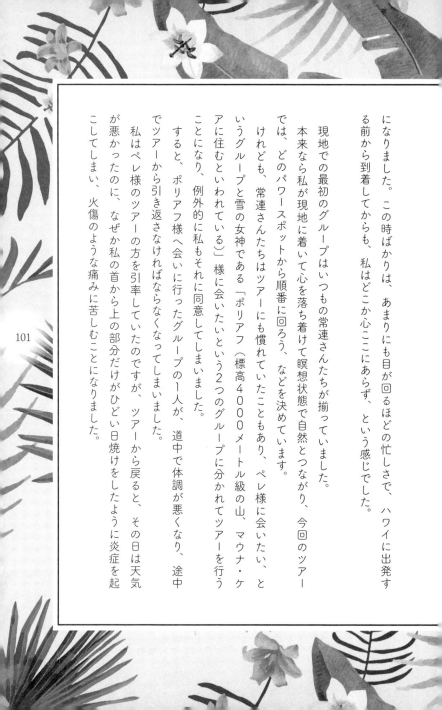

グループの中で1人だけ突然、ひどい日焼けを負ってしまった私の姿を見て、ツアーの参加者たちも驚きを隠せない様子でしたが、ツアーの主催者である私が休むわけにはいきません。

普段なら、今ではもう決して薬は使うこともない私ですが、この時ばかりは薬局に駆け込むようにして薬を入手し、肌に塗りながらツアーを続けることにしました。

私は、きっとこれはペレ様のしわざだ、ということがわかっていました。

そこで、ペレ様につながると、やはり怒っている様子です。

ペレ様は、私がバタバタと落ち着きのないままでツアーの企画から実施までを行い、そして、現地でもバラバラな行動を取り、あげくの果てにはペレ様に最初に挨拶に行かなかったことを怒っていたのです。

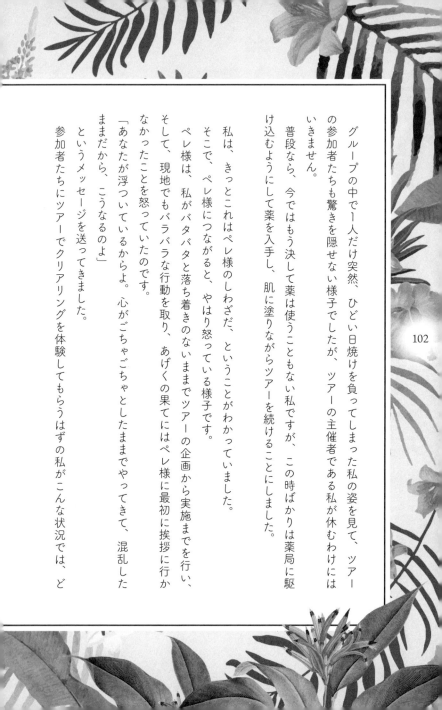

「あなたが浮ついているからよ。心がごちゃごちゃとしたままでやってきて、混乱したままだから、こうなるのよ」

というメッセージを送ってきました。

参加者たちにツアーでクリアリングを体験してもらうはずの私がこんな状況では、どうしようもありません。

私は早速、自分を恥じると自分に対してクリアリングを行い、自分自身を取り戻しました。

すると、驚いたことに、翌日になると私の火傷のような日焼けの炎症はすっかり治まったのです。

参加者たちはその変化に再び、驚いていました。


こんなふうに、この私も今でもペレ様から厳しい指導を受けることもあるのですが、時には、参加者たちにもペレ様流の〝愛の鞭《むち》〟を行使することがあります。

ある日、ハワイ島でのツアーの際に、ブランドものの高価なビーチサンダルを履いて来られた女性がいました。

私のツアーは、観光客が訪れるようなオシャレなストリートとは無縁のハワイ島の大自然の中で行うものです。

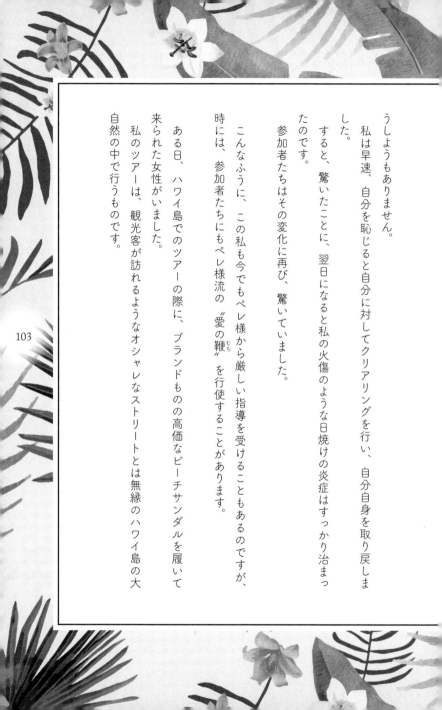

そこで、参加者たちには、身に着けるものは、動きやすい恰好で、かつ汚れてもいいようなカジュアルなスタイルで来ていただくようにしています。でも、その方は高価なサンダルを履いていたので、「汚れないといいな」とちょっと気になっていました。

また、他にもその方には気になっていたことがあったのです。それは、彼女が車から降りて、その場所に着いた際に、誰もがパワースポットであるその場所の大自然のパワーを感じて口々に感動している中、1人だけ「なんだか蚊とかいそうね～」とか「ムシムシしているわね」などと、愚痴をこぼしていたのです。

さて、一行がビーチについてワークをしていた時にそれは起きました。

足がほんの少し浸るくらいの浅瀬にいた私たちに、突如、前触れもなく、穏やかだった海から大波がやって来たのです。でも、私たちはその瞬間、逃げることもできず、全員が全身に水しぶきを浴びてしまったのです。

それは、ほんの一瞬の出来事だったので、全員何事もなかったのですが、気がつけば、その方のサンダルだけが海に持って行かれてしまっていたのです。

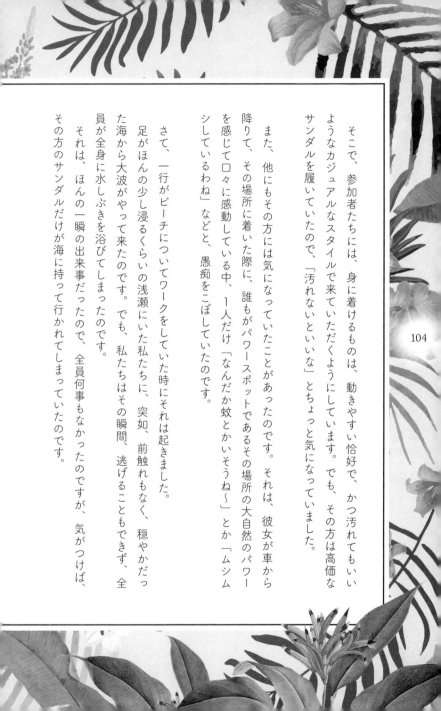

まるで、そのサンダルが海への捧げ物になったようでした。

さて、私たち一行はワークを終えてビーチから移動の車がある場所まで歩くことになりましたが、彼女だけは素足で歩かねばならず、素足を泥で汚しながら歩いていくことになりました。

「この土地のエネルギーを裸足で感じろ、っていうことだったのかもしれないわね」

彼女にそう告げると、さっきまで愚痴を言っていた彼女も、先ほどの大波の洗礼によって、心もすっかり浄化されたようで、素直にうなずいていました。

こんなふうに、ペレ様は、時に私たちがきちんと身体で実感し、きちんと学べるような方法で愛の鞭をふるってくることがあります。

でも、このようなやり方は、それだけ私たちに真剣になってくれている、というペレ様なりの愛情だと受け取っています。心に響くやさしい声で教えを説くだけでは、人間は簡単には変わらないのだ、ということをペレ様はよくご存じのようです。

第3章

自然とつながり、神々とつながる

ハワイの文化が大切にする「4」という数字

「神はあらゆる自然の創造物に宿っているのよ。だから、自然に敬意を払いなさい！」

ペレ様のこの言葉には、日本人なら誰もが自然に受け入れられるのではないかと思います。

自然界の森羅万象の1つ1つに神様が宿っているという「八《や》百《お》万《よろず》の神」という考え方は、私たち日本人にとってはある意味、当たり前でもあり、とてもしっくりくる概念です。

自然の中にある木々や草花、果物、鉱石、海や川の魚や生き物たちに昆虫や鳥、そして、あたりを吹き抜けていく風まで、ありとあらゆる自然の創造物には神が顕現している、という考え方ができるからこそ、私たちはこの世界の自然の創造物に畏敬の念を抱けるのだと思います。

これは、ハワイの伝統的な考え方においても同様です。

ハワイの神話にも描かれているように、ハワイでも同じように自然の中に神々が宿る、という考え方があり、基本的には多神教の考え方が宗教観の根底には根付いています。

とりわけ、そんなハワイの伝統文化を語るときにはずせないのは、「4」という数字です。ハワイでは、この4という数字を特に神聖なものと見なしています。

第2章でご紹介したように、クリアリングの種類も自然界の火・水・地・風（空気）という4大元素、つまり、4つのエレメントを基本にしています。

また、ハワイの挨拶でお馴染みの「アロハ（ALOHA）」という言葉の「ALO」は「正面」「存在」という意味、「HA」は「呼吸」「息」という意味があり、「アロハ」で「今、呼吸をしていられる幸せ」という意味にもなるのですが、この「HA」にはまた、数字の「4」という意味も存在しています。

他にも、ハワイの神話に出てくる主な神々は、「クー（戦いの神、山や海の神）」「ロノ（農耕の神、豊穣の神）」「カネ（万物の根源、生命の神）」「カナロア（海の神、死者の世界の神）」と呼ばれる四大神でもあり、これらの４つの神様がハワイの伝説においては、この世界を創造した、とされています。

さらには、ハワイは伝統的に東西南北という４つの方角の扱い方も大事にしています。日本でも方位・方角を気にしたりすることなどは風水として生活に取り入れる人も多いのですが、ハワイでも、特に東西南北のそれぞれの先端に位置するスポットを神聖な場所と考えています。

たとえば、ハワイの各島の最西端はその島で亡くなった人の魂が集合する場所であり、魂はそこから天に向かって飛び立って行く、という言い伝えがあったりするなど、各方位のポイントにも意味があったりします。

また、フラダンスのリズムは４拍子だったり、ウクレレの弦は４本だったりと、ハワイという土地や文化の中には４という数字がたくさんあふれているのです。

ハワイの４大神について

ハワイの神話に伝わる「４人の神」は、古代ハワイ人の生活にダイレクトに根付いた存在だったようです。

昔のハワイの暦（太陰暦）では、新月から数えて毎月３～６日がクーの日、24～26日がカナロアの日、27日がカネ、28日がロノの日、14日が４つの神々の日として定まっていたように、毎日の暮らしの中に神々が息づいていました。

現在のハワイでも、「ナイトマーチャーズ（夜の行進者）」という伝説が各地に伝えられています。

これは、「古《いにしえ》の死者たちが夜中に行進し、その行列を見た者は殺されて命を落とす」という怪談として今でもまことしやかに現地に伝わり怖れられているものですが、この行進が行われるのが、ハワイの旧暦の神々の日であったりするといわれています。

また、この４人の神はハワイだけの神々ではなく、遠くサモアやタヒチ、アオテアロア（ニュージーランド）に 至るまでの、ポリネシア全域における文化圏の神としても崇められています。

ハワイでは、ロノ神を主神とする収穫祭「マカヒキ」が盛大に行われていたことや、カメハメハ大王が戦いの神クーを信仰していたことから、四大神の位置付けは、クー、ロノの次にカネ、カナロアという順序になっていますが、ポリネシア全般では、カナロアが万物の創世神や、日本における「天照大神」のような 位置付けで信仰されていたりします。

つまり、4という数字は、ハワイにおける「自然のリズム」であり、ハワイは自然と調和、共存しながらすべてのものが息づいている、ということでもあるのです。

これは、場所を変えて、四季《フォーシーズン》という4つの季節の中で生きている日本人も同じなのかもしれません。

日本人こそ、古代から自然と調和しながら生きてきた民族ではないでしょうか。

私たち日本人も、あらゆる自然の創造物には神が顕現している、ということを自然に受け入れられるマインドを持っています。

つまり、「自然の一部である私たち人間もまた神の創造物であり、同時に神そのものでもある」ということでもあるのです。

そのことを理解するためには、まずは自分が自然とつながること、すなわち神とつながることが大切なのです。

だからこそ、ペレ様はいつも、「神々とふれあいたいなら、まずは自然とつながりなさい」と、私たちに語りかけてくるのです。

ペレ様のお言葉⑧

あなたたち人間も、
神々が顕現する自然の創造物よ。
自然とつながることは、
神とつながるということよ！

都会の中で自然とつながる方法

「自然とつながる大切さはわかるけれど、でも、どうすれば都会にいながら自然とつながれるの？」

そんな人たちのために、ここではいつでも、どこにいても自然とつながる方法をご紹介しましょう。

当然ですが、自然とつながるためには、自然の中へ出かけるのが一番です。

でも、都会に住んでいればそういうわけにはいきません。

もちろん、都会暮らしの人だって、週末に自然の多い場所に出かけたり、近場にある緑の多い公園や鎮守の森がある神社などに出かけるだけでも十分です。

では、どんなときにどんな自然がある場所へ行けばいいのでしょうか。

これは、まさにクリアリングでご紹介した４つのエレメント（火、水、地、風）のそれぞれの場所へ行くのがおすすめです。

たとえば、疲れが取れず、慢性疲労やストレスが多い場合は、疲れやストレスを洗い流せるように、海か川など水の流れがある場所がベストです。

悩みがあったり、決断ができないとき、方向性を定めたいときは、どっしりとした重厚感のエネルギーをいただける山へでかけるのがいいでしょう。

頭が凝り固まってしまい、柔軟性に欠けるとき、自分を変えたいときは、風通しのよい丘や断崖など高い場所へ。そして、やる気が起きないとき、生命力が落ちたと感じるときは、火山や温泉地へ出かけるのがおすすめです。

でも、あなたはビル街の高層ビルのオフィスにいても、周辺はコンクリートしかないマンションの一室にいたとしても自然とつながることは可能なのです。

それでは、その方法を幾つかご紹介しましょう。

5 写真を用いて、自然を感じた瞬間を思い出す

最も簡単な方法は、クリアリングのステップでもご紹介した「自然の中にいた瞬間を思い出す」というものです。

たとえば、仮に過去にあなたが初夏の山にハイキングに行ったことがあるとします。

あなたは、その日、ひんやりとした空気の山の小道を歩きながら、涼しいそよ風が顔にあたるのを感じながら、あたりから漂ってくる樹木のさわやかな香りを楽しんでいました。

そして、あなたはその日、その時の写真を何枚か撮っていました。

あなたは今でもそれらの写真を見ると、その日のその瞬間に戻れるはずです。

あの日のひんやりとした空気や森林浴の香り、太陽の光線の強さ、虫の鳴き声などがよみがえってくるはずです。目を閉じると、あなたは、再びその場にバーチャルに戻れてい

るはずです。

それは、あなたが再びその瞬間につながっているということであり、あなたのすべての感覚はその時、その瞬間に再び存在している、ということでもあるのです。

この「体感再生」は、自分の行った場所の写真があれば、どんなに高層ビルにあなたがいようとも、誰もがいつでもどこでもその場所に戻れる、という方法です。

これを行う際のポイントは、その写真は「自分がかつて実際に行った場所」であるべき、ということです。

やはり、今から行きたい場所や自然が美しいスポットの写真では、あなたは「自然の美しさ」や「景色の絶景さ」などは感じることができても、あなたの五感がリアルに憶えていないので、その場に再びリアリティを持って入っていくことはできないのです。

逆に言えば、あなたは、過去にあなたが自然のすばらしさを体験したことがあるのなら、どこにいようとも大自然の中に戻っていけるということです。

もちろん、写真なしでイマジネーションだけで入っていくことも可能ですが、やはり、写真というツールがあることで、写真がスイッチになり、あなたはより簡単に素早く、その時空間へ入っていけるのです。

自然の中でお気に入りの香水を嗅いでおく

他には、そんな自然の場所でお気に入りの香水を嗅いでおくと、後に、その香水を嗅ぐことで、嗅覚を使ってその場所へ瞬時に戻っていくことも可能です。

嗅覚は五感の中でも記憶のセンサーが強く働くので、自然の中へ出かける際には、お気に入りの香水やアロマなどを持って行くのもおすすめです。

エネルギー転写で自然を持ち帰る

上級編として、私はクラスでは生徒さんたちに、自然の場所へ出かける際にボトルに水を入れて行き、水にその場所のエネルギーを転写しておき、その水を小さなボトルに入れてエッセンスとしてスプレーで使用することで、その場所に戻る方法などもお教えしています。

エネルギー転写は、ある程度のテクニックが必要ですが、この方法は、先述の写真を用いた方法のように、自分でイマジネーションをすることなしにその場のエネルギーに戻れるので、便利な手法とも言えます。

ペットボトルの水に
エネルギーを転写する方法

①自分にとってエネルギーの良い場所、心地よいと感じる場所へ行きます。
②そこで、周囲の空気がキラキラときらめいているようなイメージをし、その中に自分がいるような気分を味わいます。
③両手で包んだペットボトルに、空中のきらめきが浸透していくようにイメージします。
④ペットボトルの水の中に、きらめきが満たされるイメージができたら完了です。

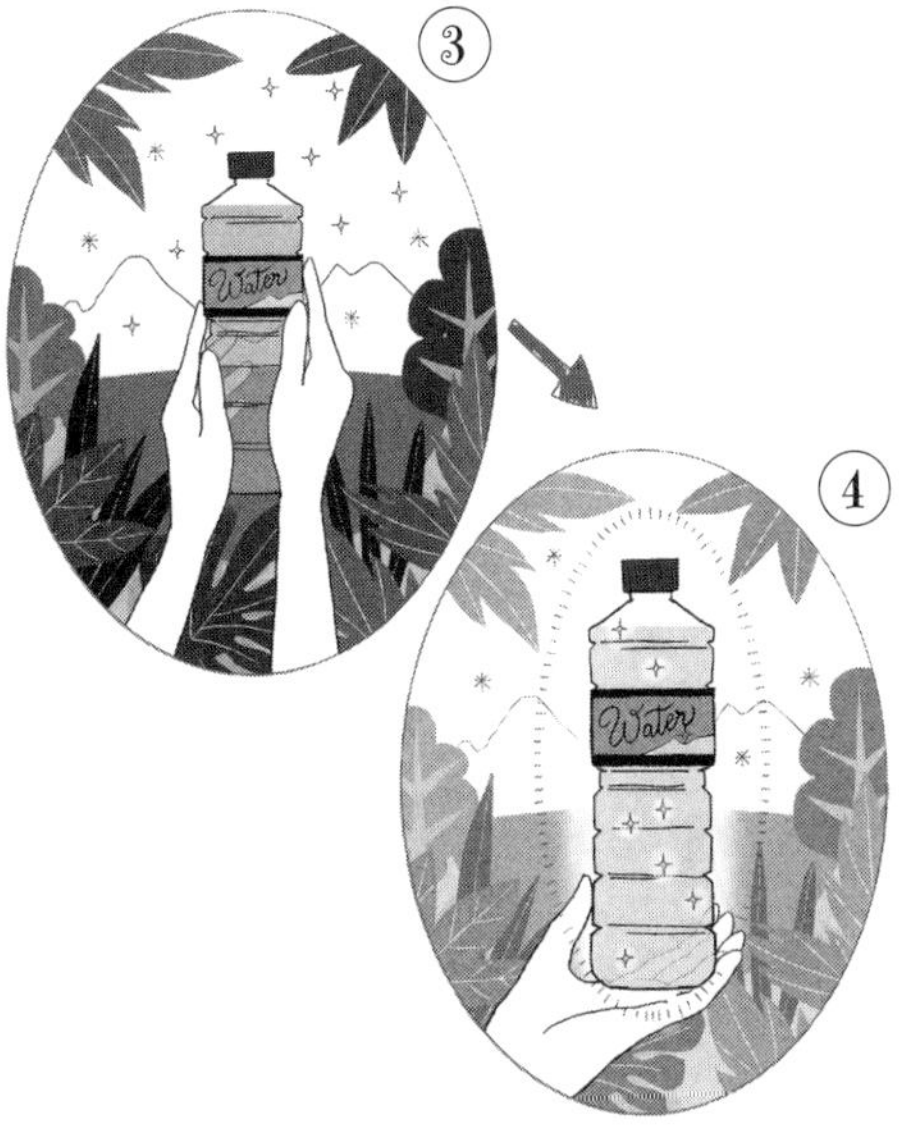

ペレ様のお言葉⑨

あなたは、いつ、どこにいても
自然とつながれるのよ！
写真を使った〝体感再生〟で
今、ここから
自然の中へ戻れるはず。

その日の天気を味わいつくす

自然とは、「緑や花、海や川などのある場所」だけを意味しているのではありません。日々の天気さえも、いわば４大エレメントが起こす自然現象の１つでもあるのです。

私たちは、日々移り行く天気を意識することもなく過ごしていますが、毎日の天気を意識することで、自然とつながり、自分たちも自然の一部であると認識することができるのです。

そこで、毎日、その日の天気をじっくり味わうのです。

これは私も行っていることですが、毎朝起きたら窓を開けて、または、外やベランダに出るなどして、必ずその日の天気をじっくり五感で味わってみてください。

「今日は日差しが強いな。いい天気になりそう！」「今日はムシムシした湿度の高い日だな」「風が強いな。週末は台風が来そうだな」など、その日その日の天気を自分なりに感じてみるのです。

時には、もし、雨の日なら外に出て、肌の上に降り注ぐ雨の冷たさや強さ、などを実際に感じてみるのもいいでしょう。

また、夜寝る前もひんやりとした夜気の質感、朝とはまた違う夜だけの空気感などをやはり五感で味わってみてください。

こんなふうに「天気を味わう」ことを意識していると、これまで気づかなかったはずの鳥の鳴き声が毎朝、耳に入ってきたり、あたりから金木犀《きんもくせい》の花の香りが漂ってきて秋を感じたりと、都会にいながらにしても、自然と共存していることを感じられるはずです。

実は、この「天気を味わう」ことを日々の習慣に加えるだけで、あなたは無意識のうちに自分に必要なクリアリングができているのです。

また、クリアリング効果をアップさせたいなら、「天気を味わう」ときに、一緒に行ってほしいのが「ブリージング（呼吸法）」です。これは、いわゆる深呼吸を３回繰り返すやり方ですが、次のように行ってみてください。

①鼻からゆっくり息を吸う。その際、キラキラしたゴールドの息を吸うイメージをする。
②そのまま、息を３秒留める。
③口からゆっくり吐き出すときに、黒いもやが口から出て行くイメージをする。

このブリージングも毎日行うだけで、クリアリングができるだけでなく、心身のバランスが整うので健康効果もアップします。

深い呼吸は、血流も良くなり、身体のすみずみまで酸素が運ばれることで、ちょっとした体調不良や不眠なども解消されるのです。私は、心の病は身体の反応から起きるものだと信じています。

ペレ様は、何か問題が起きると、「まず、深呼吸しなさい！」と言うのですが、これは、とても理にかなっていると思います。というのも、実際に悩みを抱えて駆け込んで来られるクライアントさんに「深呼吸してみて」と言うと、できない方も多いのです。

ストレスで落ち着きがなかったりすると、息はなんとか吐けても、ゆっくりと息を吸うことができなかったりするのです（焦ることで横隔膜が上がり、肺が圧迫されることで息が吸えなくなってしまうのです）。

でも、本来なら深呼吸ひとつで心は落ちつくことも可能なのです。

呼吸も「風」のエレメントを思いきり味わう、ということでもあるのです。

こんなふうに日常生活から私たちは自然の一部であり、自然と共存していることを五感で味わうことができるのです。

ペレ様のお言葉⑩

天気も４大エレメントの現象のひとつ。
じっくり味わうことで、
自然とつながれるのよ！

自然に敬意を払うということ

また、〝自然とつながる〟と一言で言っても、その方法はさまざまです。

私たちの普段の生活の中で、実際に自然の中に出かける以外にも、さまざまな形で自然とつながることは可能です。

ペレ様は「自然とつながることは、すなわち、自然に敬意を払うということよ」と語ります。

では、自然に敬意を払う、ということはどういうことでしょうか?

それは、今風に言えば、エコロジー的なマインドで「自然を大切にする」ということや

「地球を守る」ということでもあるのです。

そして、それは日々の生活の中でできるとてもシンプルなことだったりします。

たとえば、私の場合は犬の散歩がてら近所の道を歩く際などは、道端にゴミが落ちていれば拾ったり、自宅で使用する洗剤も界面活性剤入りのものでなくオーガニックのものを使用したり、できるだけゴミを出さないような生活をすることなども、地球をキレイにするアクションであり、自然に敬意を払う、ということでもあるのです。

その土地を大切にすることで、その土地の神様があなたを応援してくれたりもします。

スピリチュアルとは、意外にも普段の何気ない生活の中にあるものなのです。

ペレ様のお言葉⑪

自然に敬意を払うことこそ、
自然とつながることよ。
日常生活にエコのマインドを
取り入れて地球を守って！

Column 2

ペレ様おすすめハワイ島で大自然とつながる旅

――パワースポット巡りをしながら、クリアリング＆ヒーリング

ここでは、私がハワイ島の各パワースポットを巡りながら行っているツアーをご紹介してみたいと思います。

開催するツアーは、その時期やツアーで掲げるテーマ、生徒さんたちの人数、その日の天候などによって毎回、巡る場所や順番は違ったりするものなので、どんな回り方をしなければならない、というものでもありません。

今回は、ハワイ島にたくさんあるパワースポットの中で、「ハワイ島でパワースポットを回りながらクリアリングをするならこれがおすすめ！」というツアーを私の方で考えてみました。

特に、「ハワイ島は初めてなので、ここぞ！という場所は押さえたい」という人や、ヘビーなトレッキングなどではなくハイキングの延長で回りたい人、短い日程なので効率よくスポットを回りたい、という人に向けて、1日で周遊できる、最もベーシックなクリアリング・ツアーを組んでみました。

BASIC CLEARING ROUTE

ベーシック・クリアリング・ルート

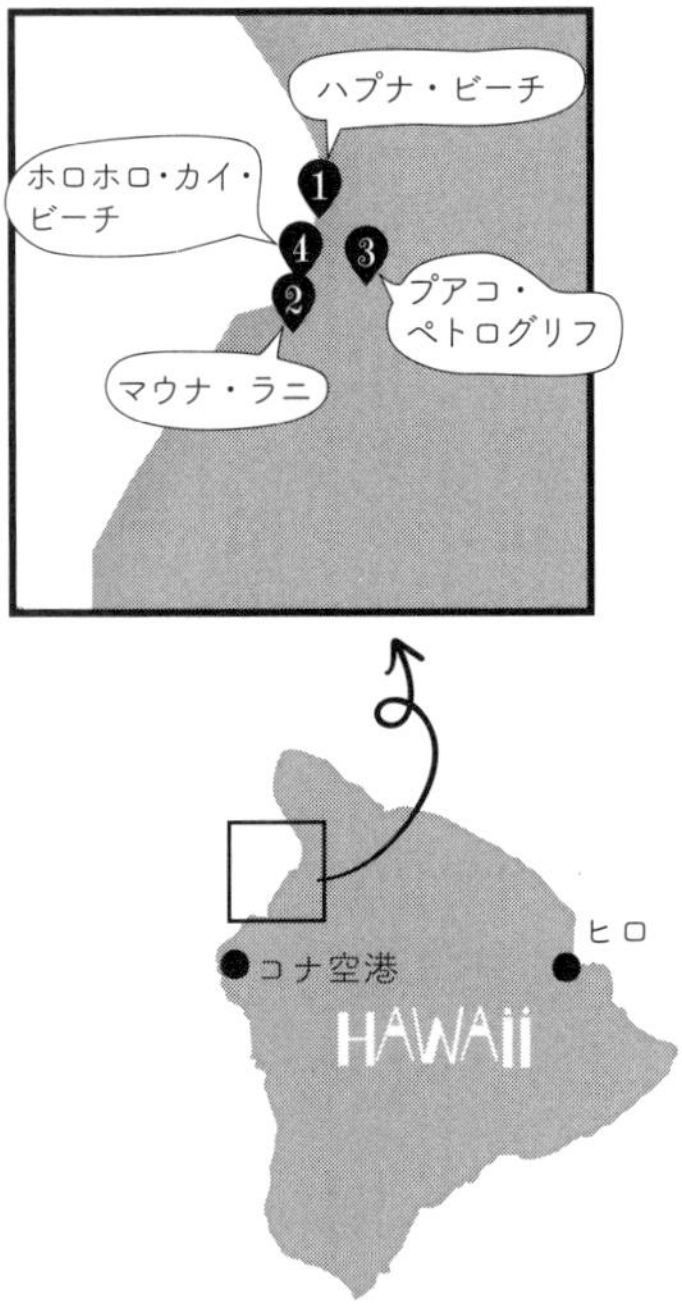

1 白浜の美しいハプナ・ビーチでの浄化からスタート!

スポット

コナエリアから約30分間のドライブで到着するハプナ・ビーチは、全米の美しいビーチのナンバーワンに選ばれたこともあるほどの白砂の美しいビーチで、州立公園として整備されています。ハワイ島に到着したら、まずは、最初に訪れてリフレッシュしたいスポットです。

目的

水・風のエレメントのクリアリングで浄化を行います。

まずは、旅の疲れだけでなく、日本から抱えてきたストレス・悩みなどを、今からたくさんのものを吸収するために、ここですべて解放しておきましょう!

ここからはじまる旅において、今から自分に起きるすべてのことをフレキシブルに受け入れられる柔軟性を身につけておきます。

行いたいワーク

①まずは、ビーチの上に素足で立ち、大地の感覚を足の裏で感じながら、風の感覚も肌で感じてみましょう。その際には、全身の五感をフル活用してください。

②3回深呼吸をしましょう。1回目の深呼吸は自分の内側に向かって、そして、2回目はご先祖様、3回目は神様（八百万の神）に向けてご挨拶をする意識で行います。

③海に入ります（事前に水着を着用しておくことをおすすめします）。水の中で、心地よい場所をみつけたら、仰向けになって浮いてみましょう。身体から不必要なエネルギーが下に沈んでいきます。その不必要なエネルギーは海の中に溶け出していきます。不必要なエネルギーが身体から溶け出していくイメージが完全に消えたら、クリアリング終了です。

2 「マウナ・ラニ（天国の丘）」で古《いにしえ》から続く豊穣のエネルギーを受け取る

スポット

「カラフイプアア・ヒストリック・パーク」の駐車場に車を止めて、トレイルロードを10〜15分ほど歩くと、「天国の丘」を意味する「マウナ・ラニ」の中心地に、フランスのルルド、アメリカのセドナと共に世界3大パワースポットの1つともいわ

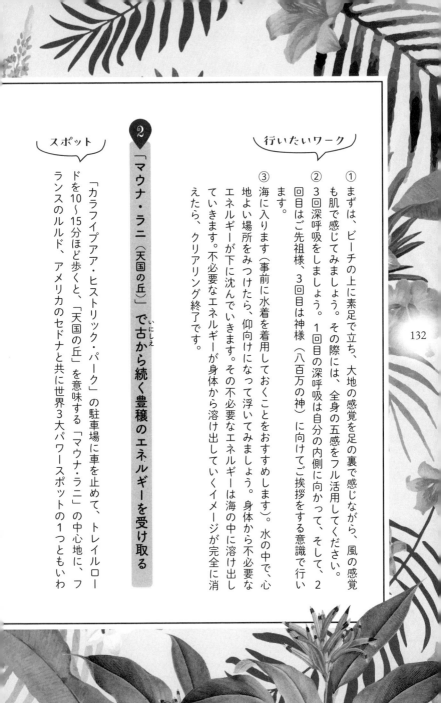

れる、「フィッシュポンド（養殖池）」の入り口に到着します。

ここは、かつて古代ハワイアンの王族たちが養魚施設として大切にしてきた神聖な場所です。約20～30分で1周できる広さの場所です。ちょうどこのあたりは、ハワイ島のマウナ・ケア、マウナ・ロア、フアラライ、コハラ山脈、マウイ島のハレアカラという5つの火山に囲まれた中心部に位置し、これらの山々の「マナ（神秘的な力の源）」が集まっている、といわれています。

目的

水・風のエレメントのクリアリングでリセットをしたら、キレイになったオーラに豊穣のエネルギーをまといます。

行いたいワーク

①まずは、入り口に近い「ホペアラ・フィッシュポンド」の祭壇でご挨拶。祭壇の向かい側には、天気が良ければ、マウナ・ケア、マウナ・ロアを望むこともできるでしょう。この場所を訪問できたことへの感謝をこの土地に眠る古代の王族たちの魂に伝えるところからスタート。

②海沿いに出て、「カラフイプアア・フィッシュポンド」へ向かいます。このポンドには「自己責任で」と書かれた橋のかかったトレイルがありますが、天候が悪いときや、満ち潮のときは危険なので行かないようにしましょう。渡る場合にも、

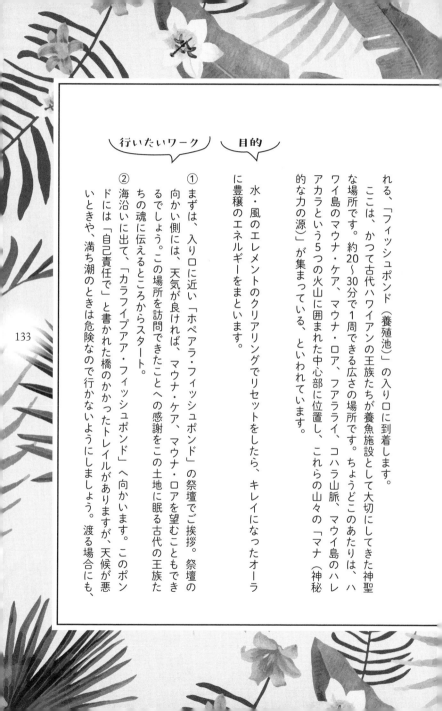

十分に注意してください。

③橋を渡ると、小さな小屋の跡地のような場所があります。その周りを時計回りで歩くと、自分に不必要なものは「手放し」ができ、反時計回りに歩くと「エネルギーの補充」ができるといわれています。足底に意識を向けて大地とつながり、自分の身体を感じながらゆっくりと歩いてみましょう。エネルギーの補充をしながら、自分に必要な豊かさのエネルギーが入ってくることをイメージします。

④小さい小屋の中に入って、ゆっくりと瞑想してみましょう。ここでも、五感をフルに活用しながらどんな感覚を受け取れるかを意識してみましょう。

3 プアコ・ペトログリフ

スポット

次に訪れるのは、同じくマウナ・ラニ地区にあるプアコ・ペトログリフ遺跡保護地区です。ここには、古代ハワイの先住民たちが溶岩石に刻んだ「ペトログリフ（石に刻まれた象形文字のような彫刻・岩刻文字や絵）」が3000点以上も存在するといわれています。

目的

地のエレメントのクリアリングをして、本能にスイッチを入れる。過去生とつながり、カルマを解除します。

行いたいワーク

①ホロホロ・カイ・ビーチの駐車場に車を止めたら、事前に簡易ゲートで閉鎖される時間を確認しておきます。林へ向かうトレイルを行く際には、道中にキアヴェという枝に大きなトゲがある木があるので、注意して進みます。15分程度歩くと視界が開けて林から抜け、柵で囲まれたペトログリフ・フィールドが見えてきます。到着したら、3回深呼吸をしましょう。自分に向けて、そして、ご先祖様、神様（八百万の神）に向けて3回行います。

②柵の周りをゆっくり歩いて、心地よいと感じるポイントを探します。その場所で大地を感じながら、瞑想をしてみましょう。その際、自分の奥深くに眠る太古のエネルギーを感じるようにイメージすると、何かインスピレーションが降りてくるかもしれません。

③感じられる太古のエネルギーの中には過去生のエネルギーもあるかもしれません。これまで抱えてきたカルマもこの場所で解き放ちます。

4 ホロホロ・カイ・ビーチでツアーを締めくくる

スポット

マウナ・ラニ・リゾートの北端に位置するホロホロ・カイ・ビーチは、サンゴの白い石と溶岩の黒い石のコントラストが美しいビーチ。

目的

水と火のエレメントを用いてクリアリングを行い、女性性と男性性のバランスを取る。自らを統合する。

行いたいワーク

①ツアーの最後の締めになるスポットは、プアコ・ペトログリフの駐車場の反対側にあるビーチです。ビーチに出ると、溶岩でできた黒いビーチと、サンゴでできた白いビーチがあるので、惹《ひ》かれる方に座ってみます。

②座ったら、ゆっくりと本日の行程を振り返ります。波の音や吹いてくる風を感じ

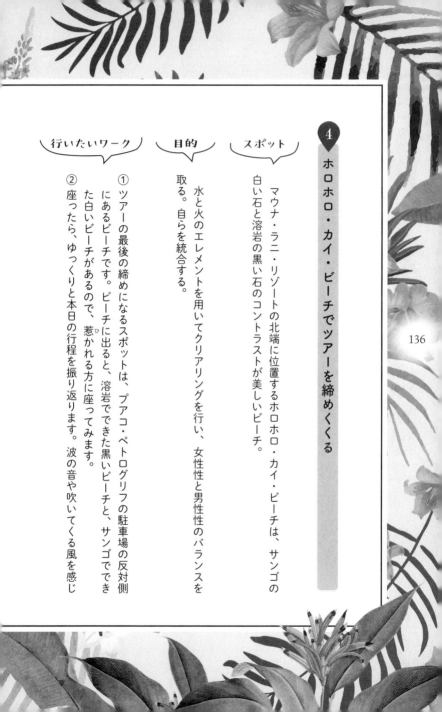

ながら、瞑想してみましょう。その際には、自分の女性性と男性性が統合されるイメージをして、自身の中から新たに生まれてくるエネルギーを感じるようにします。

③最後に3回深呼吸をして、感謝の気持ちでツアーを終了します。明日から、あなたはまったく新しい人に生まれ変われているはずです。

上級者向けおすすめルート&スポット

ご紹介したツアーを1度回ったら、2度目、3度目からのハワイ島の訪問の際には別のルートを巡るのもおすすめです。そんなツアーの上級者向けの人たちに、2つの順路をご紹介しておきます。

KING KAMEHAMEHA ROUTE

キング・カメハメハ・ルート

**グラウンディングをしたい、
決断力や行動力を
高めたい人向けのルート**

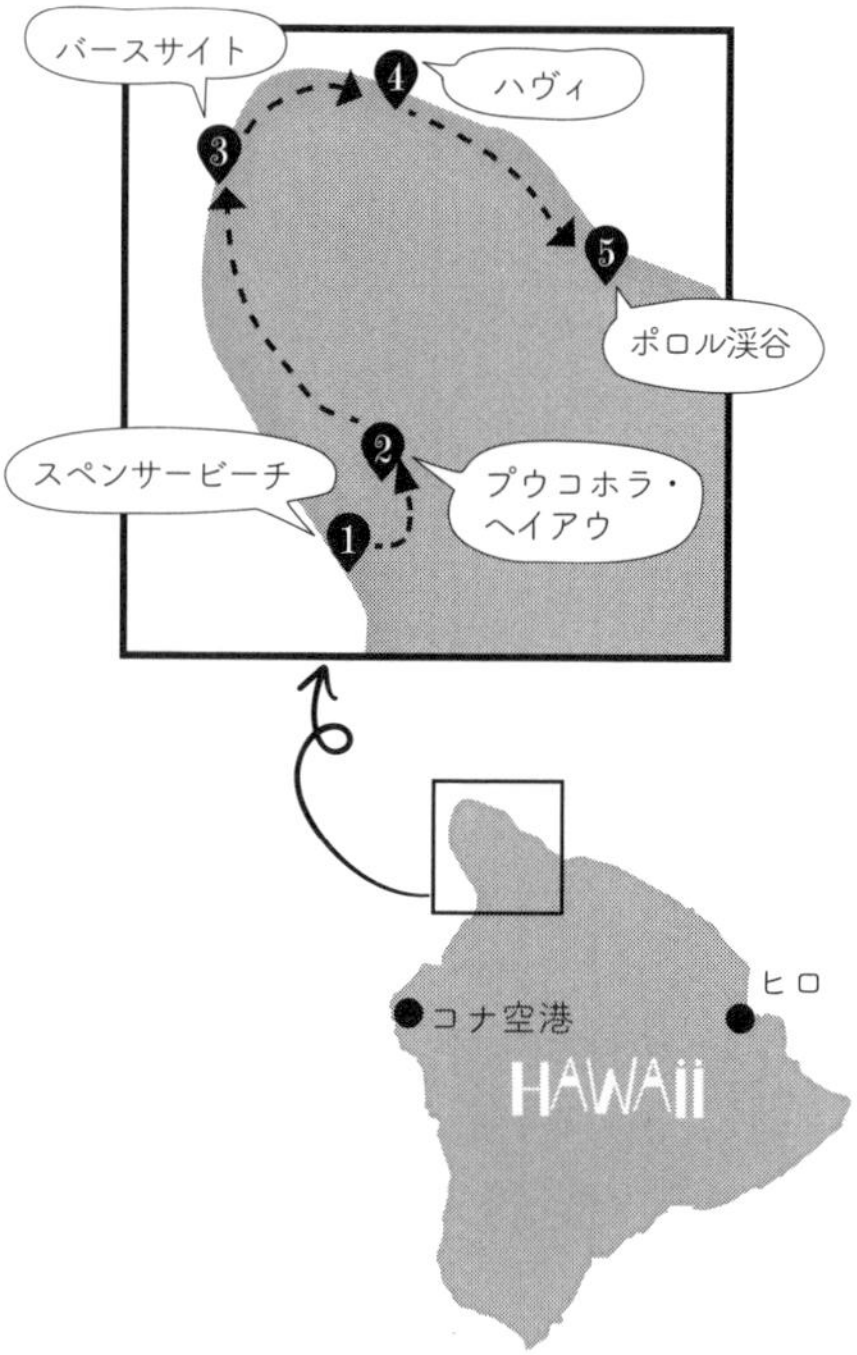

1 **スペンサービーチ**

水のエレメントのクリアリングで浄化、再生を行う。

2 **プウコホラ・ヘイアウ**

地・風のエレメントのクリアリング、男性性・女性性のバランス。生命力アップ、決断力アップ。

3 **バースサイト**

風のエレメントのクリアリング、自己再生、決断力アップ、孤独感や怖れの手放し。

4 **ハヴィ（カメハメハのオリジナルの銅像、モンキーポッドの大木）**

生命力アップ、過去生のカルマ解除。

5 **ポロル渓谷**

地・水・風のエレメントのクリアリング、男性性・女性性のバランス。判断力・行動力アップ。

PELE ROUTE

ペレ様ルート

目標を達成したい、成功したい、
女性性をアップさせたい人のルート

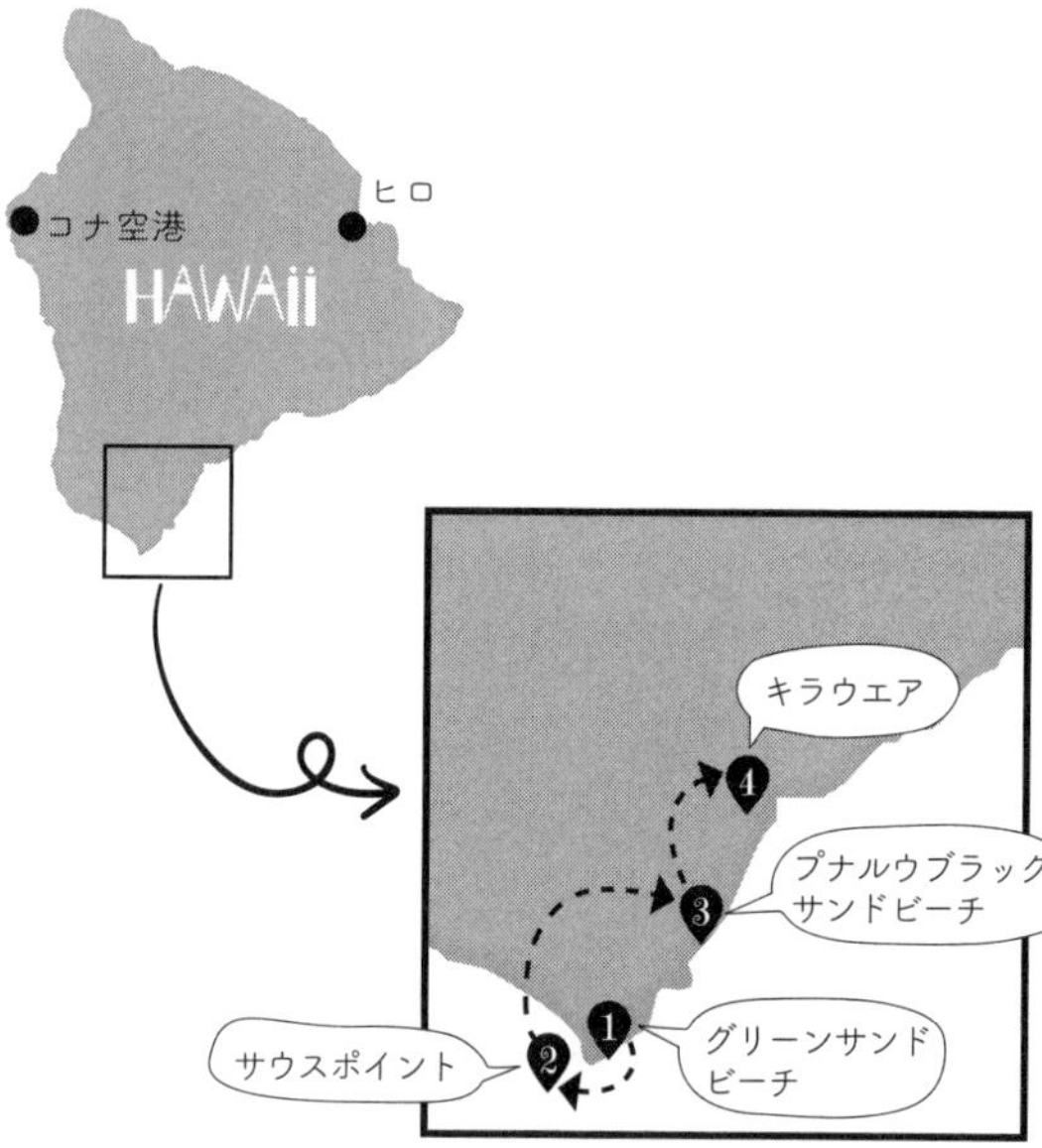

1 **グリーンサンドビーチ**

火・水・風のエレメントでクリアリング。浄化、柔軟性アップ、豊かさのエネルギーを取り入れて、怖れを解放。再生のエネルギー。

2 **サウスポイント**（カラレア・ヘイアウ）

火・水・風のエレメントでクリアリング、浄化力アップ、柔軟性アップ、怖れの解放、決断力・行動力アップ。

3 **プナルウブラックサンドビーチ**

火・水のエレメントでクリアリング、浄化力、グラウンディング、怖れの解放、生命力アップ。

4 **キラウエア**（ペレ様）

火・地のエレメントでクリアリング、目標達成、女性性と男性性のバランスと統合、グラウンディング、瞑想で自分の内側にアクセス。

第4章

ペレ様流の美しい人とは？

ペレ様流「美しい人」とは、
身体の内側からキレイな人のこと

あなたは、「美しい人」というと、どんな人をイメージしますか?

一般的にスピリチュアルな概念から語る美しい人とは、当然ですが、外見のルックスなどを指しているわけではないことをすでに多くの人はご存じだと思います。

「心と身体はひとつ」といわれるように、内側の心の在り方が外側にそのまま反映する、ということを考えれば、美しい生き方ができる人が美しい人、と呼べるのだと思います。

さて、この「美しい人」の概念もペレ様にかかると、少し意味が変わってきます。

まず、ペレ様にとって「最も美しい行動」が「情熱を持って、自分の目標を追いかけること」になるので、美しい人の定義もすなわち、「情熱を持ち、一心に自分の目標を追いかけている人」ということになります。

もちろん、そのためには、まずは「本当の自分が何者であるか」ということを知った上で、「自分がどうありたいか」ということをわかっていることが前提になります。

では、迷わずに目標に邁進《まいしん》できる人になるためにはどうすればいいのでしょうか？

ペレ様いわく、そのためには、やはりクリアリングができていることが重要ということなのです。

それはつまり、あなたに邪心や邪魔が入らず、１００％本来のあなた自身になれているということであり、そうなれてこそ、あなたは自分の目標を一心に追いかけられるのです。

たとえば、日常の生活において、「疲れてしまって、思うように動けない」「なんだか、やる気がでない」「やるべきことがあるのに、ついつい、他のことをしてしまう」などということがありますが、そんなときは、本来のあなた自身になれていません。

そんなときは、あなたの身体に何か悪い気が憑いてしまっているのかもしれません。何かが憑くと、疲労困憊《こんぱい》ややる気の低下、落ち込みなど精神状態だけでなく、食の嗜好などにも影響することがあります。

たとえば、甘いものをそんなに好まない人が、突然、甘いものを食べたくなったり、普段は健康な食事に気を付けている人が、突然ジャンクフードを食べはじめたりなど、食の好みも一変することもあります。

「なんだか、最近、食の好みが突然変わったな……」など思い当たる節のある方は、何かの念や気が憑いていることを疑った方がいいかもしれません。

では、悪い気に憑かれないようにするにはどうすればいいのでしょうか？

まず、あなた自身がポジティブな波動を保てることが一番ですが、意外にも悪い気はあなたの身体の脂肪につきやすかったりします。

私たちは食べすぎたり、運動不足になったりして油断をしていると、お腹や二の腕、お尻などについつい贅肉《ぜいにく》がついてしまいがちです。筋肉ではないタプタプとした脂肪の部分を触ってみるとひんやりするように、脂肪は身体の組織の中で、最も冷えている部分です。

実は、こうした身体の冷えている部分に悪い気は溜まりやすいのです。

私がクライアントさんを霊視する際に、オーラにいろいろなものが憑いている人は、太り気味だったり、特に太ってもいないのに、たるみがちでシェイプされていない身体つきの人が多かったりします（もちろん、すべての人がそうとは限りません）。

「身体を冷やさないようにする」ことは健康の条件だったりもしますが、身体を燃やして脂肪を落とし、贅肉のない均整の取れた身体こそ、オーラからクリーンなヘルシーさを保てるのです。

それはつまり、正しい食生活に適度な運動など自己管理がきちんとできている身体、ということです。

自分の身体は自分できちんと管理する、という最も基本的なことができる人こそ「美しい人」なのです。

また、悪い気は関節にも憑きやすかったりします。これは、その人を思いどおりに動かそう、という念からきているものです。そんなときは、自分の動きがコントロールされているように感じるかもしれません。

こんなときにも、クリアリングが必要です。このような場合には、悪い気がオーラから関節に浸潤してきているので、ファイアー・クリアリングで悪い気を燃やしましょう。

ちなみに、生霊などは自分から「飛ばそう！」と狙って飛ばしている人はほとんどいません。

たとえば、恨みや憎しみなどネガティブな思いの念が生霊になりやすい、というふうに思われていたりしますが、そうでないケースも多いのです。

たとえば、私にも過去にある女性の生霊が憑いたことが原因で体調を崩したことがありました。

実は、その女性は仕事仲間で私のことをとても慕ってくれていた人でした。その方は、ご自身の結婚を機に私の職場を辞めることになったのですが、そのことがつらすぎて、本人も気づかないうちに私への生霊になってしまっていたのです。

このように、強い思いや執着、男女間の関係なら相手に対する強烈な恋心なども生霊になってしまうことがあります。


ちょっと余談になりますが、生霊になりやすい人、つまり、自分から生霊を飛ばしやすい人のパターンもあります。

これまでの私の経験上、クライアントさんに憑いている生霊の多くは、不思議なことに、そのほとんどは背が高くて、すらっとしたモデルのような外見の女性が多いのが特徴です。

なぜそのようなタイプが多いのか、という確固とした理由まではわかりません。

でも、私の考えでは、そんなすらっとしたモデルのような女性は、きっと自尊心や自己肯定感も強いはずです。

そのような女性は、外見に自信もあり、自分の思いどおりに生きているはずです。また、そんな女性は、強い意志を持っているので、ついつい自分でも気づかないうちに、それがポジティブなものであれネガティブなものであれ自分の強い思いを相手に飛ばしているのかもしれません。

一方で、男性の場合は、草食系で優しげでやはりソフトな雰囲気を持つ男性が生霊として憑いていることが多いのです。

そんな男性は、フェミニンで女性的な感性を持っているので、サバサバした男っぽいタイプに比べて、執着心や思いなども強いのかもしれません。

どちらにしても、本人が意識をしていようがしていまいが、生霊を飛ばしてしまうと、それは後に本人に何倍にもなって戻ってきてしまいます。

このように、生霊に関してはそれを受ける側、飛ばす側にしても無自覚なことが多いことから、常に自身のクリアリングを行うことが大切になってきます。

ペレ様のお言葉⑫

自己管理ができた贅肉のない身体こそ、
何も憑いていないピュアな身体よ。
そんな身体になることで、あなたは
自分の目標に邁進できるの。

美しい身体は
バランスの取れた食生活から

では、美しい人の身体の基礎を作る食事はどのようなものがふさわしいのでしょうか。

一般的な傾向として、スピリチュアルに興味を持ちはじめると、人は肉食を避ける傾向があります。

それはやはり、動物たちが屠殺《とさつ》される際の苦しみなどの波動をそのまま人間の体内に取り込んでしまう、などの考え方から肉食は良くない、という考えを持つ人も多いのです。

最近では、菜食主義のベジタリアンや動物性食品を排除したヴィーガンなど、ライフスタイルの中に自分なりの食に対する主義主張やポリシーを取り入れることも珍しくなくなってきました。

個人的には、肉食ばかりに偏る食生活は決して勧められるものではないとはいえ、ある程度、バランスの取れた食生活は大事だと考えている方です。

というのも、人間の欲もすべてのバランスが整う必要があるからです。

たとえば、菜食主義・ヴィーガンの人、もしくは食事をしない不食の人なども最近は増えてきましたが、そんな人の中には、人間としての本能の部分が目覚めすぎてしまい、性的欲求が抑えられなくなってくる人もいます。

私たち人間もこの地球で生命を維持し、種を保存していくために食欲、睡眠欲、性欲という3つの欲が備わっています。

そのうち、食欲の方を抑えこんだり、ストイックになりすぎたりすると、他の〝欲〟の部分が自然に大きくなってしまったりするのです。

生き物としての人間の欲は、そのどれが欠けてもバランスは欠けてしまうものです。

特に、私たちは本能だけでなく社会生活を送る人間としての在り方も、この3つのバランスのどれかが大きすぎたり、小さすぎたり、というのもよくありません。

そういう意味において、食欲に関しても「絶対にこれはダメ」「○○は食べない」と決めつけるのでなく、それこそ身体が動物性のたんぱく質を必要とするなら、いただく命に感謝して適度にいただく、という感じがベストだと思われます。

ちなみに、ペレ様も豚肉が大好きです。

私もペレ様に会いに行くときはペレ様からのリクエストで、お供え物に「カルアピッグ（豚肉をタロイモの葉で包んで蒸し焼きにした伝統料理）」を持っていくこともあります。

特に、ペレ様にとって大きなエネルギーが必要なときとは、噴火など自然の火山活動が活発になる時期だったりします。

そのようなタイミングでハワイを訪問する際にはやはり、カルアピッグをリクエストされたりするのです。

きっとペレ様も、地球上に生きる自然の命を取り入れて、自らもパワーを発揮しているのでしょう。

「健康には〇〇がいい」「〇〇は食べない方がいい」など、今の世の中には、健康を指南する情報があふれすぎています。

でも、あなたの身体が欲するもの、そして、あなたの身体が必要とするものは、そのような情報とは違うかもしれません。

自分の直感を信じて必要なものを摂り、バランスの取れた食生活をすることが心身ともに最もヘルシーで美しくいられるのです。

ペレ様のお言葉⑬

バランスの取れた食生活が一番よ。
本能のバランスをとるためにも
極端な食生活になりすぎないで。

パワースポットを巡ると、運気だけでなく身体もシェイプアップ!?

「美しい人」になりたいなら、シェイプアップされた身体も手に入れたいものです。

あるとき、私はパワースポット巡りをすると、運気がアップするだけでなく、身体もシェイプアップできる、ということに気づきました。

これは最初、私のツアーに参加された方が教えてくださったことで発見したことです。

ある日、パワースポット巡りをした参加者さんが私にこう言ってこられました。

「多美枝さんのパワースポットのツアーに参加すると、いつも体重が１キロは落ちているんですよ！」

その頃、開催していたツアーは、特にハードに動き回ったり、長時間歩いて体力を消耗するようなものでもなかったので、「気のせいだろう」くらいにしか思っていませんでした。

実際には、長時間のツアーでなくても、途中で食事や水分補給などをきちんと摂るようにすると、トレッキングなどの激しい運動をしない限り、１キロまで体重が落ちることはあまり考えられません。

でも、他の方からも、そんな声をちょくちょくいただくようになり、改めて、あるツアーの際に皆で試してみることにしたのです。そうすると、ツアーの最後には個人差があるものの、皆さんの体重が約１キロ落ちていたのです。

それだけでなく、参加した方たちの口角は出発前に比べるとキュッと上がり、フェイスラインもリフトアップしているだけでなく、表情も明るくなっています。

もちろん、楽しい旅を終えたことで気持ちが明るくなるのはわかるのですが、プロのエステティシャンの私から見ても、皆さんがまるで施術をしたかのような小顔のフェイスラインになっていることにはその時まで気づかなかったのです。

実際にはツアーの中で、パワースポットのエネルギーが強い場所において、足底から頭頂部にかけてエネルギーを流す、というワークを行っていましたが、これが参加者の方のシェイプアップ＆リフトアップにつながっていたようです。

以降、私は身体のシェイプアップと顔のリフトアップも意識しながらこのワークを行うようにしました。

やはり、意識しながら行うことで、より効果も発揮できるからです。

そこで、パワースポットに行かれた際に身体のシェイプアップ＆顔のリフトアップを期待できるワークをご紹介しておきましょう。

パワスポで行う
シェイプアップ&リフトアップのワーク

①パワースポットでエネルギーの強い場所に立ち（座禅スタイルで座ってもOK)、ゆっくりとリラックスしながら呼吸します。

②五感に意識を向けて、そのとき感じる感覚を擬音に置き換えながらより深く感じてみます。たとえば、風の音が「そよそよ」と入ってくる、草木の香りが「すうすう」と鼻に入ってくる、大地の暖かさが足裏から「じわじわ」と入ってくるなど。こうすることで、五感がより研ぎ澄まされていきます。

③自分のオーラに意識を向けてみます。そして、自分のオーラと周囲の感覚が一体化していくようにイメージしてみます。

④心身が完全にリラックスできるまで③の状態を続けてみましょう。

⑤完全にリラックスしたら、足元からエネルギーが上がってきて、頭頂部に達したら抜けていく感覚を味わいます。身体で感じるその感覚をオーラに移動させていくような意図を持つといいでしょう。

⑥その状態で、自分の理想の姿やルックスをイメージしていきましょう。どれくらいシェイプアップしたいのか、リフトアップしたどんな顔になりたいのか、などをイメージします。

以上のワークを定期的に行うことで、「なりたい自分」を叶えることもできるのです。

これは、わざわざパワースポットに行かなくても、居心地の良い居住空間で行うことも可能です。

自分の家で最も心地よさを感じるスペースで、このワークを行ってみてください。

もし、自分の家でそんな場所を見つけられない場合は、この機会に断捨離などを行って自分にとっての聖なるスポットを自宅につくっておくのもおすすめです。

ペレ様のお言葉⑭

パワースポットでは、心だけでなく
身体もシェイプアップできるの。
自宅をパワースポットにするのが
手っ取り早いわね！

願いを叶えたいなら、潜在意識を書き換えること

私たちの意識は、顕在意識と潜在意識から成っています。

そして、この２つの意識の割合は、顕在意識の部分が全体の１～２割であり、潜在意識は８～９割だともいわれています。

つまり、私たちは自分で認識している意識である顕在意識のみで生きているように見えるのですが、実は、私たちの現実を作っているのは主に潜在意識の方なのです。

ということは、潜在意識をコントロールできれば現実は変えられる、ということでもあ

るのです。

でも、顕在意識と違って自分では認識できない潜在意識をどのようにコントロールすればいいのでしょうか?

これに関して、ペレ様は、「潜在意識も自分で感じ取ることができるものよ」と言います。

ペレ様いわく、潜在意識は一見、頭では感じ取れないけれども、身体とダイレクトにつながっている、とのことです。

私たちの瞬発的、もしくは突発的な行動は、潜在意識が発動して起こすものだったりします。

そして、そんな行動を起こすもとになる潜在意識には、その人の過去の経験や学びから得たものが蓄積されているのです。

たとえば、机の上に置いていたガラスのコップがふとした瞬間に落ちそうになったら、無意識のうちにさっと手が伸びて、そのコップを手でつかもうとしますね。

それは、あなたが過去に「ガラスのコップは、下に落ちると割れる」という体験や学びをしていたからです。

あなたの潜在意識は、あなたの身体を瞬時に動かしてコップが割れることを阻止しようとしたのです。


このように、特に、危険察知能力やサバイバル能力のようなものは、潜在意識と身体の反応がダイレクトに結びついていたりするのです。

たとえば、あなたが何かの行動を起こそうとするときに、突然、臆病になって立ち止まったり、なぜだか涙が出たり、パニックになったり、などの突発的な行動やふるまいなどは、すべてあなたの潜在意識が命令しているのです。

では、そんな無意識のうちに起こしてしまう行動を変えたい場合はどうすればいいのでしょうか？


答えは簡単です。

あなたが顕在意識で望んでいる行動ができるように、潜在意識の中に溜まっている過去のネガティブな体験や学習の上に〝いい体験〟を上書きしていくのです。

そのためにも、日常生活の中で自分にとってうれしいこと、ワクワクすること、心地よいことなど五感が喜ぶことを意識的に取り入れていくのです。

たとえば、具体的には、①美しい絵画、写真、絵本などを見る、②好きな香りのある生活空間を創る、③オーガニックな食事を摂る、④好きな音楽や音質の良い音楽を聴く、⑤好きな素材・触感の洋服やタオルなどに変える、など生活の中にある小さなことでも妥協せずに、すべて自分にとって心地よいもの、好きなものに変えていく、だけであなたの潜在意識は変化していくのです。

ちなみに、伝統的なハワイのスピリチュアリティの考え方では、潜在意識と顕在意識はつながっているだけでなく、潜在意識はさらにアウマクアと呼ばれる超意識とつながっているといわれています。

そして、顕在意識と潜在意識、超意識がひとつにつながったときに、高次元の神聖なる意識である超意識がその願望を叶えてくれる、といわれています。

それがつまり、ハワイ式の「引き寄せの法則」でもあるのです。

自分には夢や願望があるのに叶わない、という人は、顕在意識でいくら自分がそう望んでいたとしても、実際には自分の奥深い部分の潜在意識ではそう願っていなかったりするのです。

自分の願いを叶えたい、という人は、まずは潜在意識の中に溜まったネガティブな思いをすべてクリアにしていく、という作業が必要です。

潜在意識をクリアにするということこそが、本来のピュアなあなた自身に戻る、ということでもあるのです。

ペレ様のお言葉⑮

潜在意識は無意識に起きる
瞬間的な行動に現れるのよ。
怖れやネガティブな体験から成る
潜在意識を、
五感が喜ぶ良い体験で
上書きしていきなさい！

Column 3

マイ・スキンケアで、もっと美しさもアップ！
――毎日使うコスメもクリアリングしてあなただけのものにする

既存のコスメだって、あなただけのものになれば、もっとあなたを美しくしてくれます。女性なら朝晩のスキンケアを欠かさないはずですが、そんな日々の習慣を活用して、もっと美しさをアップできないだろうか、というところから考えたのが「自分だけのコスメをつくる」という方法です。

かつての私は、ブランドコスメの中でも、「肌に効きそう！」と思われる成分が配合された、高価なスキンケア製品を購入していました。

けれども、既存の商品を「自分だけのコスメ」にすることで、価格のランクを下げても、以前の高価なスキンケアよりも効果を感じるものになったのです。

それは、新品のスキンケアを購入したら、その商品を一旦クリアリングして、自分のオーラの情報をその商品にプラスする＝自分と同化させる、というものです。

その方法は次の通りです。

①いつも使用しているスキンケア商品を購入したら、新品のままの容器ごと手に抱えて、自分と一緒にウォーター・クリアリングを行い（75ページを参照）、その化粧品についている不必要なエネルギーを流していきます。

②スキンケア商品の容器ごと手で包みます。そして、そのスキンケアが肌にしてくれること、してほしいことを擬音語で表現しながらイメージします。たとえば、「ぷるぷるになる」「もちもちになる」などの感覚を感じながら、包んでいる手から商品にその感覚を移していきます。

③手の周囲のオーラに意識を向けて、自分の両手とスキンケア商品、オーラ

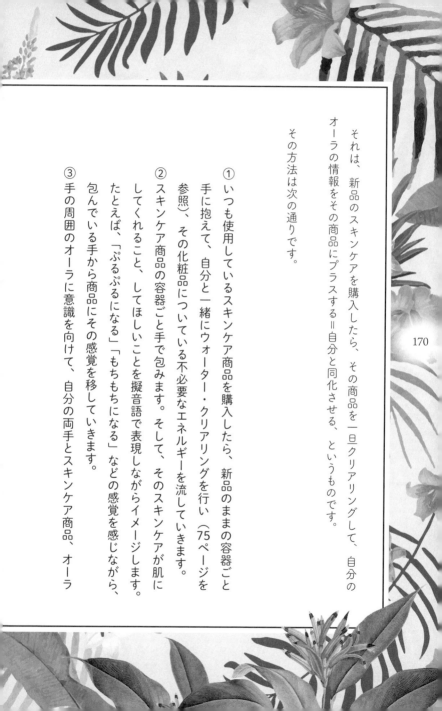

がひとつになって溶けていくようにイメージします。

④すべてが溶け出してオーラがひとつになり、手の感覚を感じなくなるまでイメージを続けてください。

⑤④までが完了したら、手の平の中にはあなただけのスキンケア商品ができあがっています。

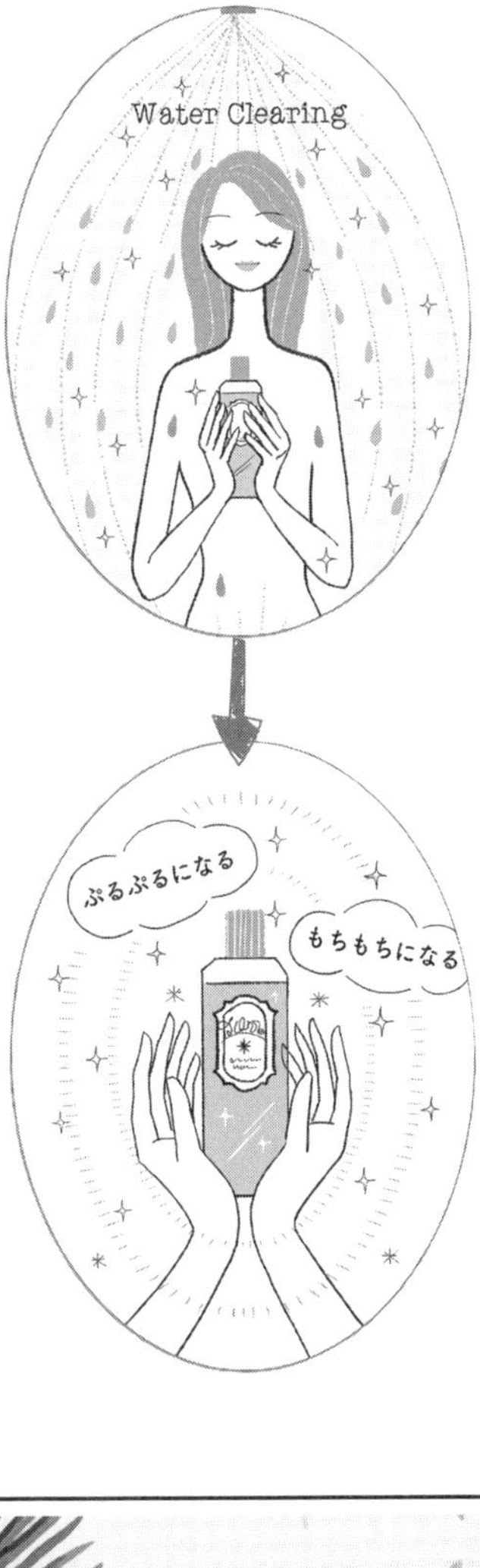

第5章

これからの時代を生きるために大切なこと

――ペレ様からのメッセージ

コロナ時代を生き抜くために

「もっと、なりたい自分に近づきたい!」

「夢を叶えて幸せになりたい」

ペレ様からの言葉は、そんなあなたにも、すぐにでも実践できそうな教えもあったのではないでしょうか。


自分の内側が変われば、自ずとあなたが体験する現実も変わってくるのです。

では、外側の世界が変わってしまったら、どうなるのでしょうか?

ご存じのように、２０２０年の到来とともに、これまでの外側の世界が音を立てて崩れはじめ、まったく新しい価値観や生き方が求められる時代に突入しています。

そのきっかけになったのが、２０２０年の春から出現した「新型コロナ（新型コロナウイルス感染症：ＣＯＶＩＤ19）」です。この新しいウイルスによるパンデミックが世界を襲い、世界各国が大きな犠牲を払いながら、今現在も、人類への新たな脅威と向き合っています。

このような状況を受けて、一時は全国的に〝ステイホーム〟による自粛が推奨されることになり、私たちは不要不急の外出を控えたり、社会人はテレワークが導入されたりして、新しい働き方もはじまることになりました。

現在でも、人との交流は三密（密集・密接・密室）を避け、ソーシャルディスタンスを保つべき、というルールがすでに社会には浸透しています。

今後は日本のみならず世界中において、ビジネスの形や在り方、お金に対する価値観などもビフォー・コロナとアフター・コロナでまったく変わってくることになります。というよりも、すでにウィズ・コロナという時代に突入したと言えるでしょう。

そこで、ペレ様に今回の事態についてどのように捉えればいいのか、そして、何かアドバイスはないかを訊ねてみることにしました。

するとまず、降りてきたのは、「この状態はまだまだ続くわ。だから、コロナと闘ったらダメよ！」という言葉でした。

さらには、「人間にも叶わないことがあるものよ。自然の脅威を理解しておかないとダメ。今回の件も自然界の現象の1つなのだから、闘おうとしないこと。人間が自然界の創造物の1つであるように、ウイルスも自然界の一部だと受け止めなさい。柔軟性を持って対応していきなさい！」ということでした。

確かに、新型コロナウイルスが発生して以来、私たちはこの新たなウイルスに対して、「新型コロナウイルス VS 人類」となり、「打倒コロナウイルス！」というポジションを取ってきたように思います。

でも、何事においてもそうですが、相手と闘おうとする限り、勝てないものなのかもしれません。

特にこの件に関しては、私たちが自然の一部の創造物であるならば、相手もまたしかり、なのです。ウイルスだって、地球上で生まれた命のある存在として、ただ生存したいだけなのです。

だから、そんなウイルスに対して敵意を燃やし、相手を倒そうとすることは、私たち人類をも倒そうとすることになりかねません。

すでに、一時期発動されていた緊急事態宣言は解かれていますが（２０２０年８月現在）、新型コロナに感染する人も後を絶たず、私たちは新型コロナと共に生きていく日々がはじまっています。

ペレ様が言うように、働き方にしても、人との付き合い方に関しても変化せざるを得なかったがために、今、新しいライフスタイルが生まれつつあります。

そんな時代には、「この方法でなくては！」「これがないとダメ！」という固執した考え方や生き方は通用しないのかもしれません。

私たちが直面する現実が、どんなにネガティブに見えることでも、現状から目を逸らさずに受け入れながら、私たちの方が変化していくという時代がはじまっているのです。

ペレ様のお言葉⑯

新型コロナウイルスとは闘わないこと！
ウイルスも人間と同じ自然の一部よ。
闘おうとせずに柔軟性を持って
この状況に
対応・変化していきなさい！

自然界からの警告はまだまだ続く!?
——ペレ様からの緊急メッセージ

「これは、まだ終わっていないのよ!」

そんなメッセージにちょっとドキッとしたのですが、これは今後、私たちが新たに直面するまた別の問題のことを意味しているようです。

それは、またやってくる別の自然界の脅威に加え、将来的にはさらに二極分化してくる人々の意識が引き起こす争いに備えなさい、ということのようです。つまり、ウイルスの問題だけに囚われていてはいけない、ということです。

「すでに、その前兆は知らせていたわよね？」

これについては、思い当たる節があります。

ハワイ島のキラウエアにおいて、２０１８年の5月から9月上旬にかけて、大規模な噴火活動があったのは、まだ記憶にも新しい出来事ではないでしょうか。

当時、現地の多くの住宅やビーチなどが一瞬にして溶岩に飲み込まれていき、姿形を変容させたニュースは世界に向けて大きく報じられていました。

この時私は、ペレ様の様子に少し尋常ではないものを感じていました。

なぜなら、ペレ様は怒りのエネルギーというよりも、ただただ破壊の作業をしているようだったからです。

当時ペレ様が伝えていたのは、「これから、激動の世の中がはじまるわよ！」ということでした。

つまり、２０１８年のペレ様のハワイ島における噴火活動は、古い世界の崩壊と新たな世界の誕生を告げるサインだったのです。

実はその時、この噴火活動が何の序章であるかはわからなかったのですが、今年、新型コロナウイルスの問題に直面した時、あの２０１８年の出来事は、この件の前振りだったのだな、ということがわかりました。

新型コロナウイルスの問題も、やはり、医療・社会システムの崩壊をもたらし、その結果、新たな世界が今、誕生しようとしているからです。

ペレ様は、今年になって世界が受けた今回の打撃について、次のようなメッセージを伝えてきました。

「ネガティブだと思われることが起きても、その裏側には必ずポジティブなものが存在しているのよ。この体験を今後に活かそうとする姿勢が、新しい世界を創っていけるの。だから、今はネガティブになっている場合じゃないわよ。この学びから、人類が一丸となって新たな時代を創造するのです。私は、物質的な豊かさに埋もれ、精神的な豊かさを見失っていたあなたたちの心に火を点けたのです。その火を消すのか、パワーにするのかは、あなたたち次第よ。それに、火のパワーをどのように使うのかも、あなたたち次第。ということは、今まで無理だと感じていたことだって、そのパワーで可能にできるチャンスが来ている、ということでもあるの。あなたの願望を、この機会に改めて心の底で感じてみなさい。あなたは今、本当に自分に必要な環境に生きている？　本当に必要な場所にいる？　本当に必要な人々と生きている？　もしあなたが、心のどこかで〝違う！〟と感じるのなら、今すぐにでも、そこから飛び出るタイミングなのよ！」

とのことでした。

この言葉にピンと来た人がいれば、今すぐにでもアクションを起こす時なのかもしれません。

また、今後もやってくるであろう自然界の脅威についてですが、私たち人類は、過去から数々の天変地異を繰り返しながら、それでも、自然界の神々のサポートを受けながら生き抜いてきたのです。

ペレ様が、「人類への警告は、これで終わりではないわよ」というのは、一見厳しい言葉のようですが、地球の歴史を見ればわかるように、私たちもまた自然のサイクルの中で生きる自然の創造物の一部なのです。

自然界の法則がそうであるように、この世界には不変のものは存在しません。つまり、新たな誕生があれば、やがて淘汰もあり、そして再生がある、ということなのです。

でも、そんな法則の中で生きる私たちも、今回のように危機に直面するからこそ、新たな気づきが得られるのです。

考えてみれば、私たちは自然から離れ、物質的な豊かさに囲まれたことで、いつの間にか、本来持っていた野生の勘を失い、自然に寄り添う生き方を忘れてしまったようです。気づけば、物質的な世界に支配されて、モノを奪い合ったり、戦争をしたりしているのです。

ペレ様が火山活動を通して、私たちの目に見える形で「火を点けた」行為は、私たちの心にも「火を点けた」のだと思います。そして、この新たな炎を賢く使いこなしていくのが、私たちに与えられたミッションなのだと思っています。

ペレ様は、こうも語っています。

「共に地球を再生していきましょう。今、地球は新たな次元上昇の準備に入っています。私たち神々のサポートもこれから進化していきます。だからこそ、１人でも多くの人が私たちと共に進化への道を選択してくれることを切に願っています」

今こそ、私たちは自然の一部であるということを思い出すタイミングなのかもしれません。

ペレ様のお言葉⑰

自然界の人類への脅威はまだまだ続くわ！
でも、激動の時代だからこそ、
新しい地球に
再生できるチャンスなの！

Column 4

今の時代には赤色が足りない！
——命の色を生活に取り入れて、元気を取り戻す！

「あなたは、赤い色の洋服を持っていますか？」

そんな質問をすると、「いいえ……」と答える人が少なくないのです。

そうなのです。今の時代は、自分だけでなく周囲を見渡してみても、赤い色って意外と少ないのです。

火の女神であるペレ様をイメージするとき、そのまま炎の色である赤色が浮かんできますが、ペレ様も、「今の時代は赤が足りない！」と、そして「今の人たちは、弱りすぎているわね」とも嘆いています。

赤色は、命が燃えている色そのものです。

命が大きな炎で燃えさかることで、それは情熱になるのです。

だから、「ちょっと元気が足りないな」というときは、生活の中に赤い色を取り入れてみてください。

赤色はきっとあなたを燃やす燃料になってくれるはずです。

実際にペレ様は、体調の悪いときには、赤い色のものを食べなさいとも言います。

たとえば、アサイーやビーツ、ストロベリーなど。女性ならザクロなどもおすすめです。

また、ペレ様から直接エネルギーを授かりたいとき、もし、ハワイ島に行く機会があれば、日本から赤系の天然石を持っていき、キラウエアでペレ様のエネルギーをチャージして帰るという方法もあります。

石の種類であれば、カーネリアン、レッドジャスパー、インカローズ、ロードナイト、サンストーン、サードオニキスなどがおすすめです。

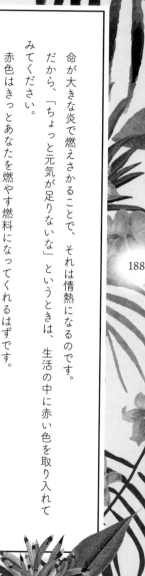

自然界の中にも赤色はたくさんあります。

サンサンと照る太陽の光も、いわゆる赤系のポジティブなエネルギーそのものです。

ボトルやグラスにお水を入れて1時間以上、太陽光を当てたものを飲むのもいいでしょう。

オレンジ~金色に輝く夕日の中で行う瞑想なら、自分の内側に入って行っても落ち込むことはありません。


私もできるかぎり、生活の中に赤色を取り入れています。

以前の私は、自分のライフスタイルに赤色はほとんどなかったのですが、今では赤い洋服や下着、アクセサリーや小物なども増えてきたように思います。

生活の中に赤色を取り入れるのは少し難しい、という人は、部屋に赤い花を1輪飾るだけでもペレ様とつながることができるはずです。


「今の自分には熱量が足りない!」という人は、文字通り、暗いモノトーンカラーに囲まれた暮らしをしていないか、自分の生活スタイルを見直してみましょう。

まずは、赤色を1つ加えるだけで、心も明るくなるはずです。

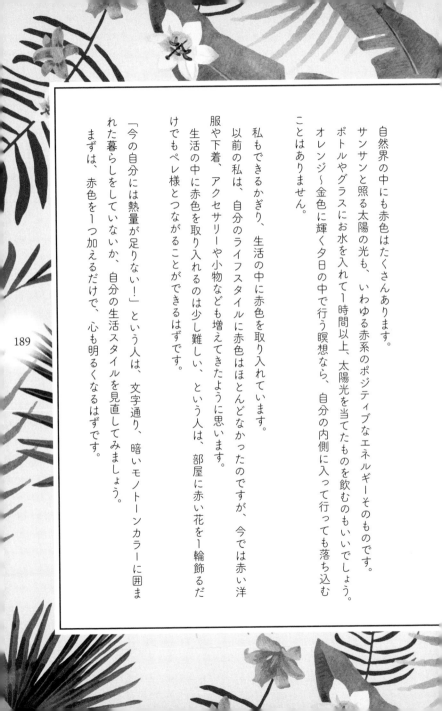

ペレ様流の「ありのままでいい」とは？

ペレ様が私たちに望む生き方は、「ありのままでいい」というものです。

今、時代が大きく変わろうとしているときに、私たちもフレキシブルに対応していくのが正解なら、「ありのままでいい」という生き方は、少しニュアンスが違うのではないかと疑問に思う人もいるかもしれません。

でも、ペレ様のいう「ありのままでいい」とは「自分を変えなくていい」「そのままの自分でいい」という意味ではなく、「本気で取り組んだのなら、どんな結果であろうとそれでいい」ということなのです。

たとえば、あなたがあることに取り組んで、全力を尽くしたとしましょう。その結果は、あなたにとって満足がいくものかもしれないし、逆に、失敗で終わるかもしれません。でも、その結果の良し悪しを決めるのもあなた次第、ということなのです。

何度もすでにお伝えしたように、ペレ様は、常に「本気で生きること」を私たちに望んでいます。

それでも、もしあなたが今の現実に直面できずに、過去を振り返ったり、立ち止まったりしてしまうのなら、それは、あなたが休息を欲しているのかもしれません。

あなたにとって、そんな時期は良い未来を迎えるための小休止のタイミングなのかもしれません。だから、そんなこともまた、「ありのままでいい」のです。

これまで本書を通してクリアリングの重要性と、ペレ様からのメッセージである「本気で生きること」をさまざまな角度からお伝えしてきました。

ペレ様の「本気」とは、「情熱（パッション）」のことだけを指しているのではない、というのはすでにおわかりのように、第2章では、「本気で生きる」ことは「毎瞬毎瞬を意識して生きる」ことであることもお話ししました。

最後に、ペレ様の意味する「本気」のもう1つ別の意味を、ここにご紹介しておきたいと思います。

ペレ様は、「これはどうやってやればいいの？」などと質問をすると、「私にプロセスを相談するのは間違いです」と答えます。

ペレ様いわく、「そんな質問をする人は、本気ではない」ということなのです。

というのも、そのような質問は怖れからくる質問に他ならず、「プロセスは上に委ねて、自分の望む結果だけにフォーカスしなさい」というのがペレ様のスタンスだからです。

その上で、「望みを具体的にすればするほど、サポートはできるのよ」ということなのです。

では、私の考える「ありのままでいい」とはどのようなものでしょうか。

ペレ様からの学びを通して、私なりのこれからの時代に求められる「ありのままでいい生き方」を考えたときに、それは、「激変する時代にスピーディーに対応する生き方」のことだと考えています。

たとえば、少し前までのスピリチュアルの世界の「ありのままでいい」という言葉の意味は、「自分が過去に傷を負っているのなら、それを癒して、本来のニュートラルな自分自身の姿に戻る」みたいなニュアンスだったと思います。

けれども、次元上昇を迎える今の時代の「ありのままでいい」は、もはや、過去を振り返る時間はなく、「地球の変化の速度に遅れないように自分を合わせ、今にフォーカスして未来を創造していく」、というものだと思うのです。それはつまり、「真剣になって、自分の人生に集中した生き方ができる人」ということでもあるのです。

これからの時代は、「こうだったらいいな」「ああなればいいな」という、「なんとなく」な人生を送っていると、物事も進まず、置いてきぼりになってしまいます。

そんな人は、「たられば」マインドから脱却できません。

要するに、起きた現実に対して、「もし、ああだったら、こうなっていたのに」とか、「もし、○○があれば、○○できたのに！」などという言い訳を繰り返すだけの人生になってしまうのです。

そこでまずは、ペレ様の言う「ありのまま」になるためには、過去を振り返って自分がそんなマインドで生きてこなかったかを自分に問いかけてほしいのです。

基本的に、「たられば」マインドになってしまう生き方は、「決断することへの恐怖」が原因になっています。そこでまずは、怖れを手放していくところからスタートしてほしいのです。

いわば、ペレ様にとっての「ありのままでいい」とは、「あなたが、今を本気で生きる姿勢と覚悟」のことを意味しているのです。

また、ペレ様にとって、「あなたが、ありのままであること」は、「あなたは、すでにあなたの望むものを手中に収めている」ということでもあるのです。

つまり、「ありのままでいい」は、「本来のあなたになっているので、すべてのものを手に入れている」のです。

あなたは、そんな「ありのままでいい」自分になりたくありませんか？

でも、そうなる前に、あなたをサポートしている存在が、あなたに「ありのまま」になってほしいがために、愛あればこそ、数々の試練を与えてくるはずです。

でも、あなたがそれらの試練を前向きに捉え、逃げずに真正面から向き合うなら、きっとペレ様は、それを乗り越えられるようにサポートしてくれるはずです。

ペレ様は、あなたの中に眠る火のエレメントに火を点けて、その炎を燃やしてくれるはずです。

「ありのまま」のあなたになれるように。

ペレ様のお言葉⑱

新しい時代には、
ものごとは高速で変化・進化を遂げていくの。
そんな時代の
「ありのままでいい」生き方とは、
「本気で生きる姿勢と覚悟」で
新たな時代を乗りこなすことよ。

おわりに

目の前に広がるのは、壮大な景色のハレマウマウ火口。

私は、いつもと同じ場所に着くと静寂を感じながら、ペレ様に意識をつないでいきます。

今回は、いつものご挨拶とともに、本書を上梓《じょうし》できる感謝のお礼を述べさせていただきました。

不思議なことに、この場所を去る時にはいつも、初めてここを訪れたことを思い出すのです。

当時の私は、まだ自分の殻を破れずに、自分自身を取り繕っていました。

でも今は、そんな私も、〝ありのままの私〟になれていると自信を持って言えるようになりました。

そして、そのことを改めてペレ様に感謝するのです。

さて、この度は、本書をお手に取っていただき、誠にありがとうございました。

ペレ様のお言葉の数々は、いかがでしたでしょうか？

中には、ちょっぴりキツく、厳しい言葉もあったのではないかと思いますが、それも〝ありのまま〟のあなた、つまり、本来のあなたに戻ってほしいからです。

愛あればこそ、ペレ様はあなたの魂を揺さぶるような言葉を投げかけてくるのです。

ぜひ、そんなペレ様の思いの詰まった一言一言を心に留めていただければ幸いです。

かつては、いつもペレ様からお叱りを受けていた私も、やっと今、おだやかな日々を過ごせるようになりました。

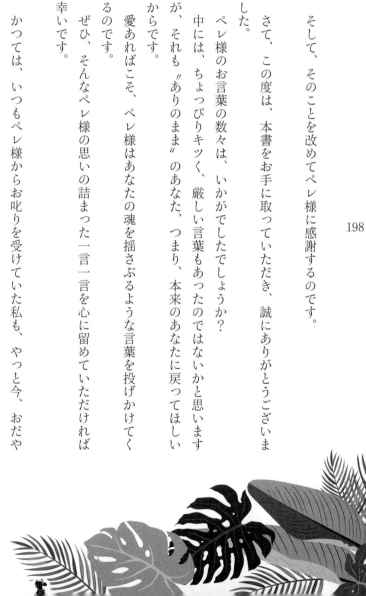

本書でもご紹介しましたが、〝自然とつながる〟という意味においても、今では私も朝晩の日課として空を見上げるようになり、「今、ここ」に存在できることに自然に感謝ができるようになりました。

数年前までは日々の雑用に追われ、自分のことだけで精いっぱいで、その日のことを振り返る余裕さえもなかった私ですが、今こうして1日に2回、頭上に広がる大きな空とつながるだけで、自分の外側で何が起きていようと豊かな気持ちで過ごせるようになったのです。

スピリチュアルの学びやメソッドは数多《あまた》あれど、こんなふうに「空を見上げる」というような些細《ささい》で小さな日常からだって、人は成長し変わることができるのです。

あなたがあなたの中にいるあなたと向き合えば、それは間違いなく起きるのです。

私もペレ様との出会い以降、何度も何度もペレ様から「あなたは、どうしたいの？」と繰り返し問いかけられ、自分と向き合う大切さを学んできました。なぜなら、すべての答えは、自分の中にあるからです。

今のところ、ペレ様からの「天と地をつなぐ」というミッションについては、まだまだ果たせていないかもしれません。

それでも、皆さんに「自然とつながる」という大切さをお伝えすることが、今の私にとって「天と地をつなぐ」ということではないかと信じています。次のステップが来るまで、それが私の役割なのだと思っています。

今、私たちが生きているのは、激動の２０２０年。

ペレ様の言うように、「再生のための破壊」という現実が起きています。世界中の人々が、大きく変わりつつある環境の中で、各々の生き方を模索する中、まさにすべての人が自身の生き方を自分に問いただすタイミングが来ていると感じています。

そのためにも、本書でお伝えしたように、いかに「クリアリング」ができているか、ということが重要になってくるのです。

そうでないと、霧に覆われた道を方向性のわからないまま突き進むことになってしまうのです。

こんな時だからこそ、自分の道を歩むのなら、その道はクリアにはっきりと見えた方がいいですよね。

ぜひ、本書でご紹介したクリアリング法を活用しながら、あなたにも〝おそろしいほどの幸せ〟を手に入れていただけたらうれしいです。あなたには、その価値があることを忘れないでくださいね。

最後に、この本の出版にあたって、今回のご縁をつないでくださったクリエイターのプロデューサー、山本時嗣さんに、そして、出版を実現してくださった（株）ＶＯＩＣＥの大森社長、ライター・編集の西元さん、イラストの藤井さん、デザインの染谷さん、校閲の野崎さん。また、いつも惜しみなく私をサポートしてくださるハワイの「あいらんど・どりーむず」の小松夫妻、「Pā Ola Hawaiʻi」の皆さま、天国から見守ってくれているクム・アルバ。そして、当社のスタッフたちに加え友人、家族たちへも感謝いたします。
そして、何よりも私にとって最愛のハワイにも感謝を捧げて、ここに筆を置きたいと思います。

宮田多美枝

Profile

宮田 多美枝　Tamie Miyata

エステティックサロン「SHRINE」「ALOHILANI」代表兼クリアリングマイスター、ビューティーチャネラー、スピリチュアルセラピスト。サロンを経営する傍ら、スピリチュアルな世界へと探求を深め、外側からだけでなく、人が内面から輝くための独自のメソッドを提唱している。また、ハワイ島で女神ペレとつながって以来、ペレ様からのメッセージを伝えながら、４大エレメントを用いたクリアリングの大切さも説いている。現在は日本のみならず、ハワイ、アジア、北米など世界を股にかけて活躍中。

http://shrine-healing.com/

クリアリングの魔法で、おそろしいほど幸せになる!
ハワイの火の女神・ペレ様から届いた18のメッセージ

2020年10月15日　第1版第1刷発行

著　者　　宮田 多美枝

プロデュース　山本 時嗣
編　集　西元 啓子
イラスト　藤井 由美子
校　閲　野崎 清春
デザイン　染谷 千秋（8th Wonder）

発行者　大森 浩司
発行所　株式会社 ヴォイス　出版事業部
〒106-0031
東京都港区西麻布3-24-17 広瀬ビル
☎ 03-5474-5777（代表）
☎ 03-3408-7473（編集）
FAX 03-5411-1939
www.voice-inc.co.jp

印刷・製本　株式会社　シナノパブリッシングプレス

ISBN 978-4-89976-509-7